리바이어던

자유와 맞바꾼 절대 권력의 유혹

청소년 철학창고 18

리바이어던, 자유와 맞바꾼 절대 권력의 유혹

초판 1쇄 발행 2007년 6월 12일 | **초판 8쇄 발행** 2021년 7월 15일

풀어쓴이 하승우
펴낸이 홍석 | **이사** 홍성우 | **기획** 채희석
인문편집팀장 박월 | **편집** 박주혜 | **표지 디자인** 황종환 | **본문 디자인** 서은경
마케팅 이가은·이송희·한유리 | **관리** 최우리·김정선·정원경·홍보람·조영행
펴낸곳 도서출판 풀빛 | **등록** 1979년 3월 6일 제2021-000055호
주소 07547 서울시 강서구 양천로 583 우림블루나인 A동 21층 2110호
전화 02-363-5995(영업), 02-364-0844(편집) | **팩스** 070-4275-0445
홈페이지 www.pulbit.co.kr | **전자우편** inmun@pulbit.co.kr

ISBN 978-89-7474-547-9 44160
ISBN 978-89-7474-526-4 (세트)

이 도서의 국립중앙도서관 출판예정도서목록(CIP)은 서지정보유통지원시스템 홈페이지(http://seoji.nl.go.kr)와
국가자료공동목록시스템(http://www.nl.go.kr/kolisnet)에서 이용하실 수 있습니다. (CIP제어번호: CIP2007001586)

리바이어던

자유와 맞바꾼 절대 권력의 유혹

토마스 홉스 지음 | 하승우 풀어씀

'청소년 철학창고'를 펴내며

우리 청소년이 읽을 만한 좋은 책은 없을까? 많은 분들이 이런 고민을 하셨을 겁니다. 그러면서 흔히들 고전을 읽어야 한다고 합니다. 하지만 서점에 가서 책을 골라 보신 분들은 느꼈을 겁니다. '청소년의 지적 수준에 맞춰서 읽힐 만한 고전이 이렇게도 없는가.'라고.

고전 선택의 또 다른 어려움은 고전의 범위가 매우 넓다는 것입니다. 청소년 시기에는 시간과 능력의 한계 때문에 그 많은 고전들을 모두 읽을 수 없습니다. 그렇다면 어떤 책을 읽어야 할까요?

이런 여러 가지 현실적 어려움을 고려하여 기획한 것이 풀빛 '청소년 철학창고'입니다. '청소년 철학창고'는 고전의 핵심이라 할 수 있는 '철학'에 더 많은 무게를 실었습니다. 그 이유는 무엇일까요?

사람들은 일반적으로 철학을 현실과 동떨어진 공리공담이나 펼치는 학문이라고 생각합니다. 하지만 철학적 사고의 핵심은 사물과 현상을 다양하게 분석하고 종합하여 그 원칙이나 원리를 찾아 내는 것입니다. 그래서 철학은 인간과 세상에 대해 깊이 있게 생각하고, 논리적으로 종합하는 능력을 키워 줍니다. 그런 만큼 세상과 인간에 대해 눈떠 가는 청소년 시기에 정말로 필요한 공부입니다.

하지만 모든 고전이 그렇듯이 철학 고전 또한 읽기가 쉽지 않습니다. 그래서 '청소년 철학창고'는 청소년의 눈높이에 맞추기 위해 선정에서부터 원문 구성에 이르기까지 많은 노력을 기울였습니다.

첫째, 책을 선정하는 과정에서부터 엄격함을 유지했습니다. 동양·서양·한국 철학의 전공자들이 많은 회의 과정을 거쳐, 각 시대마다 동서양과 한국을 대표하는 철학 고전들을 엄선했습니다. 특히 우리 선조들의 사상과 동시대 동서양의 사상들을 주체적인 입장에서 비교하고 검토할 수 있도록 했습니다.

둘째, 고전 읽기의 참다운 맛을 살리기 위해 최대한 원문을 중심으로 구성했습니다. 물론 원문 읽기의 어려움을 해결하기 위해 새롭게 번역하고 재정리했습니다. 그리고 청소년이라면 누구나 어렵지 않게 읽으면서 고전이 주는 의미와 내용을 이해할 수 있도록 설명을 덧붙였고, 전체 해설을 통해 저자의 사상과 전체 내용을 다시 한 번 정리해 주었습니다.

마지막으로 쉬운 것부터 읽기 시작하여 점차 사고의 폭을 넓혀 가도록 난이도에 따라 세 단계로 구분을 했습니다. 물론 단계와 상관 없이 읽고 싶은 순서대로 읽어도 될 것입니다.

우리 선정위원들은 고전 읽기의 진정한 의미가 '옛것을 되살려 오늘을 새롭게 한다(溫故知新).'는 데 있다고 생각합니다. '청소년 철학창고'를 통해 자라나는 청소년들이 인간과 사물에 대한 깊은 통찰력을 키워, 밝은 미래를 열어 나갈 수 있기를 진정으로 바랍니다.

2005년 2월

선정위원　허우성(경희대 교수, 동양철학)　　　윤찬원(인천대 교수, 동양철학)
　　　　　정영근(서울산업대 교수, 한국철학)　허남진(서울대 교수, 한국철학)
　　　　　이남인(서울대 교수, 서양철학)　　　한자경(이화여대 교수, 서양철학)

들어가는 말

　왜 우리는 국가에 복종해야 하는가? 사회계약설에 따르면, 국민이 되겠다고 동의했기 때문에 우리는 국가에 복종해야 한다. 그런데 우리는 "당신은 대한민국 국민이 되는 데 동의하는가?"라는 질문을 실제로 받아 본 적이 없다. 그리고 그런 동의 과정을 거치지 않았는데도 국가는 우리를 국민으로 규정하고 그에 맞는 의무를 요구한다. 심지어 우리는 국방의 의무나 납세의 의무처럼 때때로 개인의 권리를 희생하면서까지 국가의 요구에 응해야 한다. 동의하지도 않은 국가의 요구에 왜 우리가 복종해야 할까?

　1588년 영국에서 태어난 사상가 토마스 홉스(Thomas Hobbes) 역시 이런 질문을 던지며 그에 관한 답을 세상에 내놓았다. 홉스는 국민이 국가에 무조건 복종해야 한다고 주장했고, 그런 주장을 《리바이어던: 시민 공동체와 교회 공동체의 재료와 형태, 권력》이라는 책에 담았다. 책의 제목인 '리바이어던(Leviathan)'은 《구약성서》〈욥기〉 제40장 24절에 나오는 말로, 강력한 힘을 가진 바다 괴물을 가리킨다. 홉스는 "모든 교만한 것들을 우습게 여기고 그 모든 거만한 것들 앞에서 왕 노릇을 한다."는 리바이어던을 신화 속의 괴물에서 현실 세계의 절대 강자인 국가로 탈바꿈시켰다.

　홉스는 리바이어던을 왜 이런 모습으로 그리려고 했을까? 당시 영국은 프랑스와의 백년 전쟁, 귀족들 사이의 내전, 청교도 혁명 등의 끊임없는 다툼으로 혼란에 휩싸여 있었다. 홉스는 그런 상황에서는 인간이 자기 권리와 행복을 찾는 것이 힘들다고 보았으며 평화를 강제할 만한 절대 권력이 반드시 필요하다고 생각했다. 누구나 한 번쯤은 들어 보았을 "만인에 대한 만인의 투쟁"이라는 《리바이어던》의 가장 유명한 구절은, 홉스가 끝까지 피하고자 한 이런 혼란스런 상황에 대한 총체적 표현이었다. 홉스의 리바이어던은 사람들을 공포와 전쟁으로 몰아넣기 위해서가 아니라, 국민의 안전과 평화를 보장하기 위해 필요했던 절대 권력이라는 괴물이었다.

홉스는 자유로운 인간들의 서약과 동의로 국가 권력을 구성해야 한다는 사회계약론의 입장에 서서, 인간은 자기 자신의 이익과 쾌락을 위해, 그리고 그것을 평생 평화롭게 누리기 위해 스스로 국가에 복종을 서약하고 국민이 된다고 주장했다. 국가 권력을 절대적으로 만드는 것이 도리어 개인을 보호하는 장치임을 강조했기 때문에, 홉스는 강력한 국가를 주장했음에도 오늘날까지 개인주의와 자유주의의 토대를 쌓은 철학자로 기억되고 있다.

원래 《리바이어던》은 총 4부 47장으로 구성되어 있다. 그러나 이 책은 인간과 국가에 대한 주요 개념이 등장하는 1부와 2부를 중심에 놓고 기독교 문제를 다루는 3부와 4부를 하나로 묶어 전체를 3부로 재구성했다. 《시민론》과 함께 홉스의 주요 저작으로 꼽히는 《리바이어던》을 통해 우리는 국가가 어떻게 수립되었는지, 왜 우리가 국가에 복종해야 하는지, 국가와 개인의 관계는 어떤 것인지 등을 살펴볼 수 있을 것이며, 현대 사회에서 국가의 역할과 의미를 새롭게 조망할 수 있을 것이다.

2007년 2월
하승우

| 일 러 두 기 |

1. 이 책은 토마스 홉스가 쓰고 영국의 자유주의 사상가 마이클 오크셔트(Michael Oakeshott)가 편집한 《Leviathan》(Collier Macmillan Publishers, 1974)을 기본 텍스트로 하고, 국내 번역본 중에서 《군주론/리바이어던》(임명방·한승조 옮김, 삼성출판사, 1994) 과 《리바이어던》(김용환 지음, 살림, 2005)을 참고하였다.
2. 《리바이어던》은 원래 4부 47장으로 구성되어 있는데, 이 책에서는 전체적인 흐름을 이해하기 쉽도록 내용에 따라 3부 10장으로 재구성하였다.
3. 각 장의 제목은 풀어쓴 이가 주제에 맞게 정리하였고, 소제목은 원전의 장 제목을 최대한 반영하여 글의 흐름에 맞게 재정리하였다.
4. 어려운 원문은 이해를 돕기 위하여 최대한 쉽게 풀어썼고, 일부 원문은 전체 흐름을 벗어나지 않는 범위에서 생략하기도 하였다.
5. 본문 중 괄호 안의 내용은 모두 풀어쓴 이의 설명이다.

제 **1**부 인간이란 어떤 존재인가

Leviathan

제1부 인간이란 어떤 존재인가

Leviathan

　홉스는 《리바이어던》의 서론에서 신이 자연을 만들었듯이 사람도 신처럼 인공의 동물, 즉 리바이어던이라는 동물을 만들 수 있다고 말한다. 이 리바이어던은 정치 공동체인 국가를 상징하는 말로서 홉스는 그것을 인간이라는 가장 뛰어난 신의 창조물에 비추어 재구성하고 있다. 그는 국가의 주권은 인간의 혼에 해당하고 장관이나 관리들은 인체의 관절에 해당되기에, 리바이어던의 특징을 살펴보려면 국가의 바탕이자 재료인 인간이 과연 어떤 존재인지를 가장 먼저 생각해 봐야 한다고 했다. 또한 그는 국가를 만든 인간들 사이의 약속과 이를 다스리는 주권자의 권력은 어떻게 만들어지고 해체되는 것인지, 나아가 기독교라는 서양적 사고를 원천으로 하는 기독교 국가와 암흑의 왕국은 어떠한 것인지 함께 살펴보고자 했다.

　그리하여 홉스는 제1부에서 리바이어던을 바르게 알기 위한 첫걸음으로 인간과 관련된 여러 가지 개념들, 즉 감각, 상상력, 언어, 학문, 권력, 가치, 도덕, 종교 등을 먼저 다루고, 이어서 인간과 인간의 관계를 밝히기 위한 공포와 욕망의 문제들, 인간 사이의 질서와 관련된 자연법 문제를 차례로 다룬다.

1. 감각으로 인식하고 이성으로 계산하는 경험적인 존재

제1장에서 홉스는 인간이 외부 세계를 어떻게 인식하고 그런 인식이 확실하다는 점을 어떻게 보장할 수 있는지를 살핀다. 홉스는 자연의 법칙을 발견하려면 언제나 자연을 구성하는 가장 작은 요소부터 분석하고 그 요소의 성질을 파악한 뒤에 그것을 종합해서 전체를 파악해야 한다고 강조했다. 그것이 바로 홉스의 '생성적 인식'이라는 방법론이다.

마찬가지로 홉스는 국가를 분석하려면 그 국가의 구성원인 인간이 어떤 존재인지 먼저 살펴야 한다고 봤다. 그래서 홉스는 인간이란 어떤 존재인가라는 가장 근본적인 물음에서 논의를 시작한다. 홉스는 인간의 본성이 선한가 악한가라는 질문처럼 증명이 불가능한 문제보다 인간이 세상을 살아가는 방식에 기준을 두고 인간을 정의하려 했다.

먼저 홉스는 인간이 시각, 후각, 청각, 미각, 촉각 등 감각기관으로 외부 세계를 인식하고 그러한 경험들을 통해 지식을 쌓아 가는 경험적 존재라고 봤다. 바깥 세상에 대한 인식은 사람의 머릿속에서 마음대로 구성되지 않고 외부의 물체와 접촉한 신체 감각이 신경을 통해 두뇌로 그 정보를 전달할 때 비로소 구성된다. 홉스는 이렇듯 감각을 통한 인식에서 출발해 감각에서 상상력, 생각의 흐름을 기록하고 정의하는 언어, 그런 언어를 통한 추리력, 학문의 순서로 논의를 전개해 간다.

감각이나 상상력, 추리력 같은 개념들은 새로운 것이 아닌 고대부터 통용되어 온 것들이지만 홉스는 그 개념들을 추상적인 근거가 아닌 과학적 원리로 새롭게 정의하려 했다. 홉스는 감각을 무시하고 추상적인 이성만을 참된 인식의 근거로 삼던 당대의 스콜라 철학자나 모든 인식의 기초를 신으로 돌리는 신학자들에 과감히 맞섰다. 스콜라 철학자들은 주로 중세의 대학과 신학 대학에서 연구하며 플라톤과 아리스토텔레스의 인식론을 신학과 결합시켜 체계화하고자 애썼는데, 사물에 대한 판단에서도 이성이나 신을 경험보다 나은 것으로 파악하고 있었다. 이와 달리 홉스는 초월적인 도덕이나 신의 뜻보다 감각적인 경험을 중요하게 보았고, 옳고 그름을 구별하는 보편적 기준을 미리 정하는 것에도 반대했다.

그는 경험주의에 바탕을 두고 경험을 가장 많이 한 사람이 가장 신중한 판단력을 가질 수 있다고 믿었다. 그 사람이야말로 가장 많은 상상력, 즉 다양한 기억을 지님으로써 여러 사물을 신중히 판단할 수 있기 때문이다. 그러나 온 세상을 모두 경험한 사람은 존재할 수 없고 시간이 흐르면 세상도 당연히 변하므로 이런 신중한 판단력마저도 그 확실성을 언제 어디서나 보장받지는 못한다. 결론적으로 인간의 인식과 판단은 언제나 불확실하고 절대적인 보편성을 가질 수 없다는 것이 홉스의 생각이었다.

그러면 인간 대다수가 인정하는 절대적 보편성은 어떻게 확보되는가? 홉스는 인식의 불확실성을 어느 정도 줄일 수 있도록 이를 돕는 사람들 사이의 규칙을 바로 언어라고 보았다. 동물과 달리 인간만이 가진 능력이 바로 언어를 사용하는 능력이다. 인간은 언어로 자신의 생각을 기록해 시간이 지난 뒤라도 그 내용을 되살릴 수 있으며 서로의 이익을 위해 자신의 입장을 밝히거나 타협할 수 있다. 만일 언어가 없다면 인간들 사이에는 국가나 사회, 계약, 평화 등이 있을 수 없을 것이며, 인간 세계는 사자와 곰, 늑대의 세계와 크게 다르지 않을 것이다.

하지만 인간은 언어를 그 원래의 의미에 맞게 올바로 사용할 수도 있고 다른 의도를 가지고 나쁘게 사용할 수도 있는 동물이라 역시 문제는 존재한다. 따라서 홉스는 거짓된 의미 조작으로 사람들을 현혹시키고 혼란에 빠뜨리는 학자들, 특히 스콜라 철학자들을 비판하며 무엇보다 '개념'을 올바로 정의해야 한다고 강조한다. 진실과 거짓의 경계를 흐리는 것은 사물의 속성이 아닌 언어의 속성이고, 언어를 잘못 정의하고 사용할 때 진리도 혼란에 빠지게 된다는 것이다. 누구나 자신의 논리를 언어로써 얼마든지 합리화할 수 있기 때문에 홉스의 이런 주장을 극단적으로 표현하면 보편적 진리는 일종의 말장난에 지나지 않을 수 있다.

그러나 홉스는 이런 극단적 상대주의를 옹호한 것이 아니다. 인간은 올바른 언어를 사용해 바른 관계를 형성하고 합리적으로 대화할 수 있으며, 또한 논리적으로 추리하고 일반 법칙을 세우는 것이 가능한 존재이기 때문이다. 홉스는 이것을 학문의 역할이라고 보았다. 그는 학문의 기능이 어떤 대의나 진리를 파악하는 데 있는 것이 아니라 객관적인 현상을 논리적으로 설명하는 데 있다고 생각했으며, 자신의 주장을 옹호하기 위해 모순되는 논리나 불합리하고 무의미한 언어들을 사용해서는 안 된다고 주장했다.

홉스가 제시한 이런 경험론은 고대나 중세의 추상적이고 초월적이던 세계관을 허물고 근대 과학이 추구한 새로운 세계관 및 개인의 경험과 그들의 감각에 의지하는 과학적 세계관을 확립하는 데 크게 기여했다. 또한 경험론은 홉스 이전의 베이컨으로부터 출발하여 철학사에서 영국적 전통으로 자리 잡았으며, 이성을 중시하는 대륙적 전통인 관념론과 구별되는 거대한 흐름을 이루었다.

감각

　사람의 생각에 관해서 나는 먼저 개별적으로 살펴보고 그 다음에 연속선상에서, 즉 생각의 상호 연관성이라는 점에서 살펴보고자 한다. 개별적으로 보면 사람의 생각은 보통 우리가 바라보는 대상의 성질이나 우리 몸 밖의 사건이 머릿속에 떠오르고 나타나는 현상이다. 다양한 외부의 대상이나 사건이 우리의 눈과 귀, 그리고 그 밖의 신체기관에 영향을 줘서 다양한 모습을 낳는다. 이런 모든 모습의 근원이 우리가 감각이라 부르는 것이다. 감각기관에서 시작되지 않는다면 우리의 머릿속에는 어떠한 개념도 형성되지 못한다.

　감각의 원인은 그 감각에 해당하는 신체기관을 누르는 외부의 물체 또는 대상이다. 외부의 압력은 맛을 보거나 대상을 만지는 직접적인 방식으로, 또는 보고 듣고 냄새를 맡는 간접적인 방식으로 인식되고 신경이나 피부를 거쳐 머리와 심장으로 전달된다. 사람들은 이런 느낌이나 마음의 상(象)을 감각이라 부른다.

　무엇을 느낀다고 말할 때의 성질들은 그 감각을 일으키는 대상이 지닌 성질일 뿐이다. 반면에 물체의 여러 다른 운동이 우리 신체기관에 압력을 가하는 방식은 그보다 다양하다. 그러나 그것들이 우리에게 나타나는 모습은 우리가 깨어 있을 때나 꿈꾸고 있을 때나 어떤 영상이다. 눈을 누르거나 비비거나 때릴 때 그것은 우리에게 빛이라는 영상을 만들어 주고 귀를 누를 때는 소리를 만들어 준다. 우리가 보고 듣는 신체는 비록 물체의 운동을 보지는 못할지라도 그 운동의 강도에 의해 같은 강도의 영상을 만들어 낸다. 하지만 실제 대상은 우리의 이미지나 마음의 상과는 다를 수 있다. 여하튼 그 어떠한 경우에도 감각은 압력, 다시 말해 우리의 눈과 귀, 그리고 다른 감각기관에 가해진 외부 사물의 운동 때문에 생긴 마음의 상일 뿐이다.

그런데도 기독교 국가의 모든 대학에서 스콜라 철학자들은 아리스토텔레스의 이론에만 의존해서 잘못된 이론을 가르친다. 그들은 (감각의 매개를 부정하고) 어떤 물체를 이해한다는 것은 우리가 그 물체로부터 이해의 씨앗, 즉 이해될 수 있는 어떤 물질을 전달받는 것이라고 주장한다. 내가 대학의 존재 의미를 부정하는 건 아니지만 기회가 닿을 때마다 그들의 이런 무의미한 발언들은 고쳐 보고자 한다.

상상력

다른 사물이 건드리지 않는 한 정지해 있는 사물이 영원히 움직이지 않을 것이라는 점은 누구도 의심하지 않는 진실이다. 그러나 어떤 사물이 움직이고 있을 때 다른 사물이 멈추게 하지 않는 한 그것이 영원히 움직일 것이라는 점은 앞의 경우처럼 쉽게 받아들여지지 않는다. 왜냐하면 인간은 다른 모든 사물을 자신의 관점으로만 평가하기 때문이다. 즉 인간은 (몸을) 움직이면 고통과 피로를 느끼기 때문에, 다른 모든 사물도 운동을 하면 지치리라 생각한다. 그러나 생명이 없는 사물에 인간의 지식을 적용하는 건 어리석은 일이다.

어떤 물체든 일단 움직이면 다른 무엇이 방해하지 않는 한 영원히 움직인다. 수면 위의 바람이 멎어도 그 뒤 오랫동안 물결이 흔들리듯이 물체는 설사 무엇이 방해한다 할지라도 그 즉시 멈추지 않고 시간을 두며 서서히 멈춘다. 그리고 이런 현상은 신체 내부에서 진행되는 운동에서도 나타난다. 어떤 대상을 보고 난 뒤에 우리는 직접 볼 당시보다는 조금 흐릿할지라도 그 대상의 이미지를 계속 지니게 되기 때문이다. 이런 이미지를 상상력이라 부르는데, 이는 점차 희미해지는 감각이다.

깨어 있는 인간의 감각이 점점 희미해지는 현상은 감각으로 느끼던 운동이 사라질 때만이 아니라 태양의 강한 빛이 다른 별들의 빛을 가리는 원리처럼 나타나기도 한다. 즉 우리의 신체기관은 외부의 물체에서 받아들이는 많은 자극 중에서 가장 강한 자극만을 느낄 수 있다. 그리고 그런 강한 느낌도 시간이 지날수록 점점 더 약해지는데, 그것은 인간의 신체가 움직이면서 계속 새로운 대상을 느끼기 때문이다. 이처럼 사라지고 있고 오래되었으며 지나간 감각을 기억력이라고 한다. 그런 점에서 상상력과 기억력은 점점 희미해지는 감각을 뜻하는 같은 말이다.

상상력은 한꺼번에 또는 여러 차례 감각된 사물에 관해서만 존재한다. 감각으로 인식된 대상 전체를 상상하는 것은 단순한 상상력으로, 예전에 봤던 사람이나 말, 그 자체를 상상하는 것이다. 반면에 복합적인 상상력은 한번은 사람을, 또 한번은 말을 보고 나서는 반은 인간, 반은 말인 켄타우루스라는 괴물을 (보다 구체적으로) 마음속에 떠올리는 것이다.

그리고 잠을 자는 동안의 상상력은 꿈이라고 불린다. 잠을 자는 동안에는 뇌와 신경이 외부 대상의 운동에 쉽게 영향을 받지 않으므로 상상력이 없다고 할 수도 있지만, 사실 꿈은 인간의 신체 내부 이상으로 생기는 상상력이다. 즉 꿈을 꾸는 현상은 신체 내부의 어느 부위가 좋지 않을 때 생긴다. 가령 찬 곳에 누우면 공포감을 주는 꿈을 꾸고 신체의 어느 부분이 뜨거워지면 분노하는 꿈을 꾼다. 잠을 잘 때의 상상력은 신체의 외부가 아니라 내부의 반응으로 생긴다.

꿈과 깨어 있을 때의 생각을 가장 구별하기 어려운 때는 우연히 우리가 잠을 잤다는 사실을 깨닫지 못할 때다. 이런 현상은 두려움으로 가득 차 양심이 켕기는 사람, 그리고 침대로 가거나 옷을 벗을 수가 없어서 의자에서 조는 사람에게 일어나기 쉽다.

이처럼 꿈이나 다른 강한 환상을 통찰력 또는 감각과 구별하는 방법을 모를 경우, 술의 신이나 나무의 신, 요정 등을 숭배하는 이교도들의 종교가 탄생한다. 그리고 오늘날에도 이런 점은 요정이나 유령, 도깨비나 마녀의 힘을 믿는 야만적인 사람들의 생각에서 잘 드러나고 있다. 이런 미신에 대한 공포, 꿈의 해석과 거짓된 예언, 교활하고 야심 많은 사람들이 단순한 국민들을 속이는 일이 사라진다면, 인간은 지금보다 훨씬 더 훌륭한 시민으로서 복종하게 될 것이다.

이러한 일은 응당 스콜라 학파가 담당할 몫이어야 했다. 그러나 오히려 그들이 잘못된 이론을 퍼뜨리고 있다. 상상력이나 감각이 무엇인지를 알지 못한 채 가르침만 펴고 있기 때문이다. 그래서 어떤 이들은 신이 인간에게 선한 생각을 불어넣고 악마는 사악한 생각을 불어넣는다고 믿는다. 이들은 감각이 사물의 성질을 이해하여 그것을 공통 감각에 전달하고, 공통 감각이 그것으로 마음의 상을 구성하고, 그 마음의 상은 기억에게, 기억은 판단에게 차례로 그 성질을 전달한다는 아무도 이해하지 못할 말만 떠들어 대고 있다.

말이나 기타 의도적인 신호로 인해서 인간 혹은 그 밖의 상상력을 가진 생명체 내부에서 생기는 능력은 우리가 보통 '이해력(상상력이 감각을 통해 구성된다면 이해력은 직접적인 감각이 아닌 말이나 여타의 신호를 통해 구성됨. 즉 '무엇을 해라.'라는 명령을 듣고 행동한다면 그것은 이해력에 의한 것임)'이라고 부른다. 그런데 이런 이해력은 인간과 동물에게 공통된 능력이다. 개는 버릇이 들면 주인의 부름이나 꾸짖음을 이해하게 되고 다른 많은 동물들 역시 마찬가지다. 다만 동물과 달리 인간만이 가진 이해력은 사물의 이름을 언어의 형식으로 나열하고 얽어 짜서 인간의 의지나 개념, 생각을 담는 것을 뜻한다.

상상력의 흐름과 순서

생각의 흐름이나 순서는 하나의 생각이 다른 생각으로 이어지는 것을 가리키는데, 소위 말뿐인 대화와 달리 정신의 담론(한 단어, 한 문장을 가리키지 않고 단어와 단어, 문장과 문장 사이의 관계를 뜻함. 즉 담론은 여러 단어나 문장이 결합되어 하나의 통일된 의미 체계를 구성하는 것임)이라 불린다. 그런데 하나의 동일한 사물에 관해서도 어떤 때는 이런 생각이 어떤 때는 저런 생각이 들기 때문에, 일정한 시간이 지나면 우리가 어떤 사물에 관해 무엇을 생각하게 될지 확실하지 않다. 다만 오직 확실한 점은 이전에 한번 일어났던 생각과 동일한 생각이 떠오를 것이라는 점이다.

생각의 순서나 정신의 담론에는 두 가지 종류가 있다. 첫 번째는 계획 없고 지속적이지 않은 종류다. 이런 종류의 생각이나 담론은 특정한 욕망이나 정념(passion, 인간의 행동을 이끄는 능동적이고도 수동적인 감정. 사랑, 희망 등이 능동적 감정이라면, 증오, 미움 등은 수동적 감정임)을 따르고 바른 생각에 의해 통제되거나 이끌어지지 않는다. 두 번째 종류는 어떤 계획에 따라 조절되는 것으로 첫 번째 것보다 훨씬 더 지속적이다. 이런 생각은 강력하고 오래 유지되는 것이라 한동안 중단되어도 곧 빠른 속도로 다시 회복되곤 한다.

두 번째 종류인 조절된 생각의 흐름은 다시 두 가지로 나뉜다. 하나는 생각한 결과를 놓고 그 결과를 낳게 만든 원인을 찾는 것인데, 이는 인간과 동물 모두가 가진 본래의 능력이다. 다른 하나는 어떤 원인이 가져올 수 있는 모든 가능한 결과를 고려하는 것으로, 이런 호기심은 인간에게만 있는 능력이다. 호기심은 배고픔과 갈증, 성욕, 노여움 같은 감각적인 정념만을 지닌 생명체의 본성과는 다르다.

욕망이 지배하는 정신의 담론은 무엇인가를 찾거나 발명하는 능력이다. 이는 현재나 과거를 만든 원인과 결과를 추적하는 것으로, 잃어버린 물건을 찾기 위해 그것을 지니고 있던 때로 되돌아가 생각하는 방식과 같다. 이렇게 인간에게는 어떤 행위의 결과를 알고자 하는 욕망이 있어서 과거의 행위와 그 결과를 하나하나 고려해 비슷한 행위를 했을 때의 결과를 예상한다. 가령 범죄를 저질렀을 때 어떤 처벌을 받게 될 것인지 미리 알고자 하면, 그는 과거에 발생한 그 비슷한 범죄에 대한 처벌 정보를 찾아본다. 물론 모든 상황을 고려하기란 어렵기 때문에 그런 추측은 어긋나기 쉽지만 다음과 같은 점은 확실하다. 즉 다른 사람에 비해 과거에 더 많은 경험을 했을수록 그는 더욱더 신중하게 판단하고 더욱더 정확하게 예측한다는 것이다. 하지만 그렇다 하더라도 여전히 미래는 예전 행위의 결과에 빗대어 현재의 행위를 가늠하는 상상된 허구로만 존재할 것이다. 경험을 가장 많이 한 사람의 판단이 가장 정확하지만 그것이 언제나 확실한 것은 아니다. 그 결과가 우리 예상과 맞아떨어질 때 우리는 그것을 '신중한 판단력'이라 부르지만 그것 또한 어림짐작일 뿐이다.

신중한 판단력은 과거의 경험에서 끌어낸, 미래에 관한 짐작이다. 반대로 미래만이 아닌 과거의 사물에 관한 짐작도 가능하다. 가령 번창하던 국가가 어떠한 과정과 단계를 거쳐 내전으로 멸망하는 것을 지켜본 사람이라면 다른 국가의 멸망을 보면서도 그 나라 역시 비슷한 내전과 과정을 거쳤으리라 추측할 것이다. 하지만 과거와 미래에 대한 짐작이 모두 경험에만 의존하기 때문에 과거를 짐작하는 것도 미래를 짐작하는 것과 마찬가지로 불확실하다.

그러므로 우리가 상상하는 것은 그 무엇이나 한계를 갖는다. 우리가 무한하다고 말할 수 있는 어떤 사물에 관한 관념이나 개념은 존재하지 않는다. 그 누구도 무한히 큰 것이나 무한히 빠른 것, 무한대의 시간, 무한대의 힘이나 무한대의 권력에 대한 구체적인 상을 마음속에 품을 수 없다. 물론 신의 이름이 사용되기는 하지만, 그것은 신을 인식하기 위해서가 아니라 신에게 경의를 표하기 위해서다. 앞에서도 말했듯이 우리가 인식하는 어떤 것이든 우선은 감각에 의해서 인지되기 때문에, 사람이 감각에 의존하지 않고 어떤 사물을 묘사하는 일이란 생각할 수 없다.

언어

　문자의 발명과 비교할 때 인쇄술의 발명은 독창적이긴 하지만 그다지 대단한 일이 아니다. 유익한 창조물인 문자는 지나간 일을 기억하고 인류의 결속 역시 지속적으로 가능하게 만들면서 지구상의 모든 곳으로 퍼져 나갔다. 그리고 문자를 활용하는 방식 중에서 가장 중요하고 유익한 발명은 이름이나 명칭 또는 그것들의 결합으로 구성된 언어의 발명이었다. 언어의 발명으로 인간은 자신의 생각을 기록할 수 있게 되었고 시간이 지난 뒤에도 그것을 회상하며 서로의 이익과 대화를 위해 상대방에게 입장을 밝힐 수 있게 되었다. 만일 언어가 없다면 인간들 사이에 국가나 사회, 계약, 평화 등이 있을 수 없을 것이며, 인간 사회는 사자와 곰, 늑대의 세계와 다를 바 없었을 것이다.

　최초로 (사물의) 이름을 지은 사람은 신이었고, 신은 아담에게 자신이 본 생명체를 부르는 법을 알려 주었다. 그러나 아담과 그 후손이 받아서 발전시킨 언어는 바벨탑에서 사라지게 되었다. 그때 사람들은 신에 대한 거역의 벌로 예전 언어를 망각하게 되었고 강제로 세계 곳곳에 흩어지게 되었다. 그래서 현재와 같은 다양한 언어는 모든 발명의 어머니인 '필요'가 가르쳐 준 방식대로 점차 이어졌고 시간이 흐르면서 보다 풍부하게 성장했다.

언어의 일반적인 사용법은 마음의 생각을 입 밖으로 내보내거나 생각의 흐름을 말의 흐름으로 옮기는 것인데, 이는 두 가지 점에서 쓸모가 있다. 그 첫 번째는 바로 생각의 결과를 기록하는 것이다. 생각은 기억에서 사라지기 쉽지만 말로 표현된 단어를 통해 다시 떠오를 수 있다. 두 번째는 많은 사람들이 같은 단어를 사용할 때 그들이 인식하거나 욕망하는 바를 서로에게 알릴 수 있는 것으로, 이를 기호라고 한다.

또 언어에는 네 가지 특수한 이용법이 있는데, 첫째는 과거나 현재에 벌어진 일의 원인을 찾거나 그 원인이 가져올 수 있는 결과를 기록하는 것이다. 둘째는 우리가 알고 있는 지식을 다른 이에게 알려 주거나 서로 가르치고 협의하는 것이다. 셋째는 우리가 서로 도움을 주고받을 수 있다는 의지와 목적을 다른 이에게 알리는 것이다. 넷째는 순전히 즐거움을 위해 단어를 가지고 놀며 우리 자신과 여러 다른 사람들을 즐겁고 기쁘게 하는 것이다.

이렇듯 언어는 이로운 것이지만 그 이로움에 상응하는 해로운 이용법 또한 존재하는 법이다. 그 첫째는 단어의 의미를 잘못 파악해서 그에 관한 생각을 다르게 기록하는 바람에 자기 자신을 속이게 되는 경우다. 둘째는 단어를 은유적으로 사용할 때로, 본래의 뜻 이외의 의미로 다른 이를 속이는 경우다. 셋째는 인간이 자신의 의지가 아닌 것을 자신의 것이라 밝히는 경우고, 넷째는 인간이 서로를 괴롭히기 위해 언어를 사용하는 경우다.

언어는 원인과 결과의 논리적 귀결을 밝히며, 그것을 돕는 방식은 이름을 정하고 그 이름들을 결합시키는 데 있다. 피터나 존은 하나뿐인 사물에 속하는 이름이다. 그리고 인간이나 나무처럼 여러 사물을 공통적으로 뜻하는 보편적인 명칭도 있다. 고유한 이름은 오직 하나의 사물만을 생각하게 하지만 보편적인 명칭은 그 많은 사물들 중에서 어느 하나를 떠올리게 한다.

그리고 보편적인 명칭들 중에서 어떤 것은 다른 것들보다 더 넓거나 좁은 의미를 갖는데, 더 큰 것이 더 작은 것을 포함한다. 예를 들어 사물이라는 단어는 인간이라는 단어보다 더 넓은 의미를 갖고 그것을 포함한다. 그리고 인간이라는 말과 '이성적인'이라는 말은 서로를 포함하는 동일한 의미다. 그런데 우리가 주의해야 할 것은 하나의 의미가 언제나 문법에서와 같이 하나의 단어로만 이해되지는 않는다는 점이다. 때때로 에둘러 말해진 많은 단어들이 하나의 단어로 이해되기도 한다. 왜냐하면 '나라의 법을 지키면서 행동하는'이라는 단어들이 '합법적인'이라는 한 단어와 동일한 의미를 갖기 때문이다.

그리고 모든 삼각형에서 세 각의 합은 180°라는 말처럼, 하나의 특수한 사례에서 발견된 결론이 보편적인 법칙으로 기록되고 기억되기도 한다. 이런 보편 법칙은 시간이나 장소와 관계없이 성립하기 때문에 머리로 계산하는 수고를 덜어 준다.

생각을 기록한다는 점에서 단어의 유용성은 다른 무엇보다도 셈을 할 때 가장 분명해진다. 하나, 둘, 셋, 하고 수를 헤아릴 수 없는 타고난 바보는 시계의 종이 치는 것을 관찰하면서 고개를 끄덕이고 하나, 하나, 하나라고 말할 수는 있으나 결코 시간이 몇 시인지를 알 수 없다. 단어가 없다면 수의 계산이 불가능하고 크기나 속도, 힘, 인류의 생존과 행복에 필요한 다른 계산도 불가능하다.

또한 두 개의 문장이 결합되어 하나의 결론이나 확신이 될 때, 즉 '인간은 살아 있는 생물이다.', 또는 '만일 그가 인간이라면 그는 살아 있는 생물이다.'에서 살아 있는 생물이 앞의 인간을 의미한다면 이 경우의 확신이나 결론은 진실이다. 그러나 그렇지 않다면 그것은 거짓이다. 이처럼 진실과 거짓은 사물의 속성이 아니라 언어의 속성이다. 따라서 언어가 없는 곳에서는 실수가 있을지언정 진실이나 거짓이 존재하지 않는다.

진리는 단어들을 올바르게 배치하는 데 있으므로, 진리를 추구하는 사람은 자신이 사용하는 모든 단어의 의미를 따져서 적절한 곳에 배치해야 한다. 이런 배치를 '정의(定義)'라고 부른다. 따라서 참된 지식을 열망하는 사람이라면 그 누구든 예전 저술가들의 정의를 검토하고 잘못 표현된 부분을 수정하며 스스로 정의를 만드는 과정을 반드시 거쳐야 한다.

그러므로 언어의 가장 일차적인 사용 목적은 사물의 명칭을 올바로 정의하는 데 있고 그것이 바로 학문의 습득이다. 그리고 잘못 정의하거나 정의를 하지 않는 것은 언어를 잘못 사용하는 것이고, 바로 여기서 모든 거짓되고 어리석은 이론이 생겨난다. 그럴 경우 똑똑한 사람의 계산기인 언어는 아리스토텔레스나 키케로, 아퀴나스 같은 학자들의 권위에 의지해서 사람의 가치를 매기는 바보들의 교환물이 될 수도 있다.

정반대의, 그리고 일치하지 않는 의미를 지닌 두 개의 명사로부터 하나의 명사를 만드는 것은 무의미한 일이다. 예를 들어, '사각형은 둥글다.'라고 말하는 것이 잘못된 명제라면 '둥근 사각형'이라는 말은 아무 의미를 가질 수 없다. 마찬가지로 인간의 덕이 몸 밖으로 새어 나오거나 몸 안으로 스며들 수 없기 때문에 '흘러 들어가는 덕'이나 '늘어나는 덕'은 '둥근 사각형'처럼 불합리하고 의미 없는 말이다.

무릇 언어는 의미만이 아니라 말하는 사람의 의도나 성질, 성향, 취미 등을 담고 있기 때문에 추리를 하려면 언어에 주의해야 한다. 왜냐하면 어떤 이가 지혜라고 부르는 것을 다른 이는 공포라고 부르고, 어떤 이가 잔인함이라고 부르는 것을 또 다른 이는 정의(正義)라고 부르며, 어떤 이가 관대함이라 부르는 것을 다른 이는 방탕함이라 부르고, 어떤 이가 진지함이라 부르는 것을 또 다른 이는 어리석음이라 부르기 때문이다. 따라서 그런 단어들은 참된 추리의 근거가 될 수 없다.

추리력과 학문

추리한다는 것은 어떤 부분들을 더해서 전체를 인식하거나 전체에서 어떤 부분을 뺀 나머지를 인식하는 것이다(홉스는 이성의 가장 중요한 기능을 계산과 추리라고 보았음. 언어나 문장만으로 절대적인 확실성을 확보하는 것은 불가능하기 때문에 그는 사물의 원인과 결과를 판단하고 추측하는 추리력을 중요하게 여겼음). 요컨대 덧셈과 뺄셈을 할 수 있는 경우에는 언제나 추리력을 발휘할 수 있는 반면에 덧셈과 뺄셈을 할 수 없는 경우에는 그것을 발휘하지 못한다.

산수에 익숙하지 못한 사람들이나 심지어 교수들까지 때때로 실수를 하거나 잘못 계산한다. 한 개인이나 일정한 수의 사람들은 추리력에 있어 확실성을 갖고 있지 않다. 그러므로 계산에 문제가 생겼을 때 당사자들은 양 편 모두를 고려해 판단을 내리는 중재자나 심판관의 추리력이 옳다고 스스로 인정해야만 한다. 그들은 올바른 추리력이 부족하기 때문에 그렇지 않으면 그들의 분쟁은 싸움질로 커지거나 해결되지 않을 게 분명하다. 그 어떤 종류의 분쟁이든 모두 이런 과정을 거친다. 따라서 다른 사람의 추리력이 아니라 자기 자신의 추리력만으로 결정을 내려야 한다는 것은 인간 사회에서 받아들여질 수 없는 일이다. 이것은 마치 카드놀이에서 카드를 먼저 뒤집고 나서 자기가 가진 카드 중 가장 좋은 것을 내겠다고 억지를 부리는 것과 같다.

추리력의 사용법이나 목적은 어떤 대의나 진리를 파악하는 데 있지 않고 하나의 결론에서 다른 결론으로 나아가는 데 있다. 인간은 무엇인가를 인식할 때, 그 결과와 거기에 미칠 수 있는 영향을 파악하는 능력이 다른 동물보다 뛰어나다. 하나를 더 이야기하자면, 인간에게는 단어들을 사용해서 자신이 발견한 결과들을 일반 원리나 일반 법칙으로 정리할 수 있는 능력이 있다. 즉 다른 형태로 합치거나 빼서 추리하고 계산하는 것이 가능하다.

추리력은 신중한 판단력처럼 경험으로 얻어지는 것이 아니라 끊임없는 노력으로 획득되는 것이다. 추리력은 일단 단어가 적절히 정의된 후 여러 단어가 서로 결합된 주장으로 나아가, 다시 그 주장들이 결합된 논리로 발전한다. 이런 과정은 당면한 주제와 관련된 모든 결과가 인식될 때까지 진행되고, 사람들은 이를 일컬어 학문이라 한다.

감각이나 기억이 과거의 돌이킬 수 없는 사실에 관한 지식이라면, 학문은 하나의 사실과 또 다른 사실의 의존 관계와 그 결과를 아는 것이다. 학문은 우리가 현재 할 수 있는 것에서부터 미래나 다른 시간대에 무엇을 해야 하는지까지 알려 준다. 한 사물이 어떻게 해서 생기고, 어떤 방식으로 나타나는지를 알 때, 그리고 비슷한 원인들이 언제 힘을 갖게 되는지를 알 때, 우리는 흡사한 결과를 만들려면 무엇을 해야 하는지 알 수 있기 때문이다.

인간 정신의 빛은 명쾌한 단어에서 나오고 엄밀한 정의에서 시작된다. 추리력은 발걸음이고 학문의 높아짐은 그 길이며 인류의 행복은 그 목표다. 반대로 은유나 의미 없고 애매한 단어들은 도깨비불과 같은 것으로, 거기에 의존해 추리하는 것은 엄청난 부조리 속에서 헤매는 것이고 그 끝은 논쟁과 소동, 경멸뿐이다.

경험이 많을수록 신중한 판단력이 생기고 학문을 쌓을수록 똑똑함이 늘어난다. 주로 우리는 지혜라는 명사에 두 가지 모두를 포함시키지만 고대 로마인들은 언제나 신중한 판단력과 똑똑함을 구별했고 신중한 판단력은 경험에서, 똑똑함은 학문에서 생긴다고 봤다. 어떤 사람이 무기를 다루는 능력과 재주를 타고 났다면, 다른 이는 그 재주에 덧붙여 모든 자세에서 상대를 공격하고 방어하는 법을 학문으로 배웠다고 상상해 보자. 앞 사람의 능력이 신중한 판단력이라면, 후자의 능력은 똑똑함일 것이다. 양쪽 모두 유용하지만 뒤의 방법이 가장 확실하다. 그런데도 맹목적으로 책의 권위만을 믿는 자는 검술 사범의 잘못된 가르침만을 믿고 무모하게 적에게 도전하다가 죽거나 수모를 당하는 사람과 같다.

그리고 학문의 기호 중 어떤 것은 확실하고 또 어떤 것은 불확실하다. 한 사물에 관한 학식을 가졌다고 자처하는 사람이 다른 것에도 명쾌하게 적용되는 진리를 증명하고 가르칠 수 있을 때, 그 학문은 확실성을 지니게 된다. 단지 몇 가지 특수한 사건만이 그의 주장을 증명한다면 그 학문은 불확실하다. 그리고 어떠한 일에서건 확실한 학문을 쌓지 않은 사람이 자신의 타고난 판단력을 버리고 책에서 읽은 일반적인 문장들을 따르는 것은 어리석음의 시작을 뜻한다.

2. 인간을 움직이는 힘, 욕망과 공포

제2장에서 홉스는 물리학과 심리학의 관점에서 인간의 행위 동기를 설명한다. 제1장이 외부 세계를 인식하는 인간의 의식이나 지각 능력을 다뤘다면, 제2장은 능동적이고 주체적인 인간을 전제로 인간을 움직이는 힘이 무엇인가를 다룬다. 결론부터 말하자면 홉스는 인간을 움직이는 근본적인 힘을 추상적인 도덕이나 신앙이 아니라 인간의 욕망이나 욕구를 드러내는 정념에서 찾는다.

홉스에 의하면 인간을 움직이는 근본적인 힘은 인간 내부의 정념인데, 이 정념은 끊임없이 욕망을 자극하며 인간을 행동하게 한다. 배고 픔이나 갈증 같은 생물학적 욕구를 배제하더라도 인간의 운동은 정념에 의한 자발적 운동이라는 것이다. 그리고 이 정념에는 사랑, 미움, 혐오 같은 인간의 감정적인 욕망만이 아니라 아름다움과 추함, 선과 악처럼 추상적인 욕망도 포함된다. 홉스는 이렇게 다양한 정념의 운동을 사물로의 다가섬과 물러섬이라는 두 가지 운동으로 설명한다. 즉 사랑, 아름다움, 선은 사물에게 다가섬이고, 미움, 추함, 악은 사물에서 물러섬이다. 인간은 고통을 피하고 쾌락을 추구하는 존재라는 것이 그의 주장이다.

고대나 중세의 이론들은 인간을 움직이는 힘이 선이나 정의처럼 추상적인 덕성, 또는 신의 전지전능함이나 신에 대한 신앙처럼 인간 외부의 어떤 원인에 있다고 보았다. 그러나 홉스는 그런 추상적인 이론들을 비판하면서 인간을 움직이는 힘에 관한 과학적인 근거를 가져야 한다고 주장했고 이를 정념이라 보았다.

그중에서 가장 강력한 것이 바로 힘에 대한 욕망이다. 모든 인간은 항상 다른 무엇보다도 자신의 현재와 미래에 이득을 가져올 수 있는 수단을 확보하고자 하는데, 그런 수단 중 가장 강력한 것이 힘, 특히 권력이기 때문이다. 그래서 인간의 힘에 대한 욕망은 죽을 때까지 사라지지 않는다.

홉스는 "인간의 삶 자체가 운동일 뿐이고 감각 없이 존재할 수 없는 것처럼 욕망이나 공포 없이 인간은 존재할 수 없다."고 보았다. 그리고 이런 서로 다른 욕망의 운동이 사람들 사이에 충돌과 경쟁을 불러온다고 했다. 재미있는 것은, 이런 무한한 인간의 욕망 때문에 공포가 생기므로 이 혼란과 공포를 끝내고 평화를 보장하려면 모두가 인정하는 힘이 있어야 한다며 권력의 정당성을 이끌어 냈다는 점이다. 뒤에서 다시 설명하겠지만 인간이 폭력과 혼란 속에서 느끼는 죽음에 대한 공포는 평화를 유지하고 국가를 설립하는 심리적인 토대가 된다. 따라서 홉스는 도덕을 추상적인 원칙이 아니라 인간 사이의 충돌을 피하기 위한 현실적인 규범으로 보았다.

홉스는 궁극적인 목적이나 최고선, 마음의 평화를 주장하는 고대의 도덕을 거부하고 이런 정념에 기초한 상대주의적인 도덕관을 수립했다. 모든 사람에게 이로운 것이 가장 좋은 것이라는 주장이다. 그리고 홉스는 선으로의 다가섬만이 아니라 악으로부터의 물러섬도 일종의 도덕이라고 보았다. 즉 선을 추구하지 않더라도 악을 행하지 않는 소극적인 행동이라면 그것 역시 일종의 도덕인 셈이다.

홉스의 이런 주장은 제3장에서 다룰 자연 상태와 자연법, 그리고 제2부에서 다룰 국가에 관한 논리의 기초가 된다. 홉스는 고대나 중세의 이론들이 단 한 번도 의문을 품지 않았던 권력의 정당성 문제를 인간의 심리적 동기에서 찾았다. 특히 제2부에서 다룰 국가의 운동이 인간의 운동과 동일한 논리로 설명되기 때문에 우리는 국가 이론의 근거가 되는 제2장의 논리를 잘 살펴보아야 한다.

정념이라 불리는 자발적인 운동

　동물은 두 가지 종류의 운동을 하는데, 하나는 태어난 뒤 살아 있는 동안 계속되는 생체 활동이고, 다른 하나는 자발적인 운동이라 불리는 것으로 마음이 원하는 대로 가고 말하고 행동하는 것이다. 자발적인 운동은 어디에서, 무엇을, 어떻게 할 것인가에 관한 생각을 따르고 그것에 의존하기 때문에 상상력이 모든 자발적인 운동을 최초로 자극하는 내면의 동기라는 점은 분명하다. 걷고 말하고 때리는 것처럼 눈에 보이는 행위로 드러나기 전의 동기들은 보통 의도라고 불린다.

　이런 의도가 어떤 사물을 향할 때 욕구 또는 욕망이라고 한다. 욕망이 보다 일반적인 명사라면, 욕구는 종종 음식에 대한 욕망, 즉 배고픔이나 갈증을 의미하는 좁은 의미로 사용된다. 그리고 어떤 사물에서 멀어지려는 의도를 보통 싫어함이라 부른다.

　마찬가지로 인간이 욕망하는 것을 사랑이라 부르고, 싫어하는 것을 미움이라고 얘기한다. 그리고 욕망하지도 싫어하지도 않는 것은 경멸이라고 부른다. 그런데 어떤 사람이 욕구하거나 욕망하는 대상은 그것이 무엇이건 그 사람에게는 선이라 이야기되고, 싫어하고 경멸하는 대상은 악이라 이야기된다. 이런 선과 악, 경멸이라는 말들은 그 말을 사용하는 사람과 관련되어 있다. 따라서 순수하고 절대적인 것은 존재하지 않고 선과 악의 일반 법칙도 존재하지 않는다. 선과 악의 법칙은 대상 자체의 성질에서 생기지 않는다. 국가가 없는 곳에서는 각 개인이, 그리고 국가가 있는 곳에서는 국가를 대표하는 사람 또는 사람들의 동의를 받은 중재자나 재판관이 그 법칙을 정한다.

아름다움과 추함, 기쁨과 불쾌함도 마찬가지의 법칙을 따르는데, 특히 즐거움은 생명에 관한 운동을 강화하고 돕는 듯 보인다. 즐거움은 선이 드러나거나 선을 느끼는 것이고, 성가심이나 불쾌함은 악이 드러나거나 악을 느끼는 것이다. 무언가를 획득하려는 생각은 희망이라 불리고 그런 생각이 없는 것은 절망이라 불린다. 또 마주친 상대로부터 피해를 볼지 모른다는 생각은 공포며, 저항함으로써 그 피해를 없애 보고자 희망하는 것은 용기다.

그리고 왜, 어떻게 그런지를 알고 싶은 욕망은 호기심이다. 인간을 제외하면 호기심을 가진 생물은 없다. 그래서 인간은 이성만이 아니라 이 독특한 정념에 의해서도 다른 동물과 구분된다. 이 호기심은 다른 어떤 육체적이고 순간적이며 격렬한 즐거움도 능가하는 정신적인 욕망이다.

좋아함과 싫어함이 동시에 나타나서 어떤 일을 해야 할지 말아야 할지를 고민하는 경우를 '곰곰이 생각함'이라고 이야기한다. 사람은 지나간 일에 대해서는 곰곰이 생각하지 않는다. 그런 점은 상황을 변화시키는 것이 분명하게 불가능하거나 불가능하다고 생각되는 것에 대해서도 마찬가지다.

곰곰이 생각한 후 어떤 행동을 하거나 하지 말자고 최종 결론을 내리는 것은 의지라고 하는데, 그것은 재능이 아니라 행위다. 곰곰이 생각하는 동물은 반드시 의지를 갖게 된다. 스콜라 학파는 보통 의지를 합리적인(이성에 맞는) 욕구로 정의하는데, 그것은 옳지 않다. 정말 그렇다면 이성에 반하는 의지의 행위란 있을 수가 없기 때문이다. 그러므로 의지는 곰곰이 생각함의 마지막 욕구인 셈이다. 그리고 주어진 사물에 대한 욕심이나 야심, 강렬한 욕망 또는 다른 여러 욕구로 인해 시작되는 행위뿐만 아니라, 회피하려는 결과에 대한 혐오나 공포 때문에 나타나는 행위 역시 의지에 따른 행동이라는 점은 분명하다.

정념을 표현하는 언어 형식은 생각을 표현하는 형식과 비교했을 때 어떻게 보면 동일하지만 달리 보면 그렇지 않다. '나는 사랑한다.', '나는 두려워한다.'와 같은 일반적인 정념은 직설법으로 표현될 수 있지만, 곰곰이 생각함은 '만일 이것이 행해진다면 다음과 같

은 결과가 뒤따를 것이다.'라는 가정법으로, 욕구하거나 혐오하는
말은 '이것을 하라.', '이것을 단념하라.'처럼 명령법으로 표현된다.
또 자기도취나 분노, 연민, 복수심을 드러내는 말은 기원문의 형식
으로 표현되기도 한다.

  인간이 원하는 대상을 계속 가지려는 것은 행복의 지속을 위해서
다. 그런데 우리가 살아 있는 동안 영원한 마음의 안정 같은 것은 존
재하지 않는다. 삶 자체가 운동일 뿐이고, 감각 없이 존재할 수 없는
것처럼 욕망이나 공포 없이 인간은 존재할 수 없기 때문이다.

담론의 목적과 해결

  지식에 대한 욕망이 이끄는 담론은 결국 그 욕망을 충족시키거나
포기할 때 끝이 난다. 당신은 어떤 사람의 말이 계속되다 끊어질 때
판단을 내리는데 이것이 의견이다. 곰곰이 생각한 끝에 마지막으로
남는 욕구가 의지라고 불리듯이, 과거나 미래의 진실을 탐구하다 마
지막으로 남는 의견은 판단이나 결단, 말하는 사람의 단호하고도 최
종적인 판결이라 불린다. 좋아함과 싫어함의 문제에서 번갈아 일어
나는 욕구들의 연쇄 작용이 곰곰이 생각함이라 불리듯이, 진실과 거
짓의 문제에서 번갈아 일어나는 여러 의견들의 연쇄 작용은 의심이

라 불린다. 그런데 그 어떤 담론도 과거나 미래의 사실에 관해 절대적인 지식으로 남을 수 없다. 모든 사람은 이것이나 저것이 어떻게 될 것인지를 절대적으로가 아닌 조건부로만 알 수 있을 뿐이다.

이렇게 표현되는 마음속의 생각은 한계를 가진 지식 또는 말의 인과 관계에 대한 지식인데, 이를 보통 학문이라 부른다. 그런 담론의 가장 일차적인 근거가 개념 정의에서 시작되지 않거나 논리적으로 올바르게 증명되지 않는다면 그 담론의 결론은 의견, 즉 약간의 진리만을 담은 의견일 뿐이다.

그리고 담론은 진리를 깨칠 능력과 다른 사람을 속이지 않는 진실함을 지닌 자의 말에서 시작된다. 그럴 경우 담론은 사물에 관한 담론이 아니라 그 사람에 관한 담론이다. 이러한 결심을 신앙 또는 신뢰라고 부른다. 신뢰는 사람을 믿는 것이고 신앙은 사람이나 그가 한 말 모두를 믿는 것이다.

만일 우리가 남들이 말하는 바를 옳다고 믿는다면, 사실 그 자체가 아니라 그의 주장을 듣고 추측하는 것이며, 권위가 아니라 자연 이성(홉스는 인간이라면 누구나 계산하고 추리하는 이성적 능력을 타고난다고 보았음. 이러한 이성으로 인해 인간은 현재의 만족만이 아닌 미래의 만족까지 계산할 수 있음)의 원리에서 그렇게 하는 것이다. 그리고 그에 대해 우리가 갖게 된 좋은 인상은 말하는 사람, 신뢰하게 된 사람으로부터 우리가 받아들인 말에 관한 것이다.

보통 앎이라 불리는 덕과 그것과 반대인 결함

보통 덕이란 모든 종류의 주제에서 탁월한 가치를 인정받는 것, 즉 비교에 바탕을 둔다. 그리고 이러한 덕에는 타고난 덕과 획득한 덕, 두 가지 종류가 있다. 그런데 타고난 덕은 태어날 때부터 지니고 있다는 의미가 아니다. 인간이 지니고 태어나는 것은 오직 감각뿐이고 그 감각에서 사람들의 차이는 거의 존재하지 않기 때문이다. 그러므로 나는 어떤 체계적인 방식이나 문화, 가르침을 받지 않고 관행과 경험으로 얻어진 것을 타고난 덕이라 부른다. 타고난 앎은 빠르게 판단하고 목표를 한결같이 추구하는 것이다. 반대로 느린 사고력은 우둔함이라 불리는 정신의 결함이다.

그리고 훌륭한 판단력을 가진 경우는 분별력이라는 덕을 뜻한다. 판단력의 도움을 받지 않는 상상력은 덕으로 인정받지 못하지만, 분별력은 상상력의 도움 없이도 덕이라 불린다.

또한 어떤 일을 살피는 관찰력이 평범하지 않을 때 그것을 신중함이라 부른다. 이 신중함은 과거에 발생했던 비슷한 일과 그 결과에 관한 많은 경험과 기억에 의존한다. 이 점에서는 사람들 사이의 차이가 상상력이나 판단력만큼 그렇게 크지 않다. 비슷하게 나이를 먹은 사람들의 경험은 크게 다를 것이 없기 때문이다. 그렇지만 모든 사람은 각자 자신만의 계획을 갖고 있기 때문에 경험의 기회가 다르다. 가령 가정을 다스리는 것과 왕국을 다스리는 것은 신중함의 정도가 아닌 일의 종류가 다른 것이다.

지금까지 보았듯 앎의 차이는 정념에서 생기고, 정념의 차이는 부분적으로는 서로 다른 체질에서, 또 어떤 면에서는 교육의 차이에서 비롯된다. 정념은 사람의 체질만이 아니라 관습과 교육의 차이에 따라서도 달라지는데, 앎의 차이를 낳는 중요한 정념은 주로 힘이나 부, 지식, 명예에 대한 욕망이다. 그리고 이 모든 것은 첫 번째의 것, 즉 힘에 대한 욕망으로 환원될 수 있다. 부와 지식, 그리고 명예는 힘과 같은 종류의 것이기 때문이다.

이것들 중 어디에도 정념을 품지 않는 사람은 그가 비록 좋은 사람이라 하더라도 폭넓은 상상력을 펼치거나 여러 가지 판단을 내릴 수 없다. 욕망과 생각함의 관계는, 척후병(斥候兵, 적의 형편이나 지형 등을 살피는 병사)이나 스파이가 외국에서 목표로 삼은 길을 찾는 것과 같기 때문이다. 정신이 운동하는 속도의 꾸준함과 빠름은 모두 정념에서 생긴다.

지식의 여러 가지 주제

지식에는 두 가지 종류가 있다. 하나는 사실에 관한 지식이고 다른 하나는 하나의 명제에서 다른 명제로의 연결 과정에 관한 지식이다. 앞의 지식은 감각과 기억으로 구성되고, 우리가 어떤 사실을 보고 기억하는 것과 같은 절대적 지식이자 증거를 제시하는 데 필요한 지식이다. 뒤의 지식은 학문이라 불리며, 추리하는 철학자에게 필요한 조건 지워진 지식이다. 그리고 사실에 관한 지식의 기록은 역사라 불린다. 역사에는 두 종류가 있는데 하나는 자연사라고 불리는 것으로 금속, 동식물, 지역 등 인간의 의지에 의존하지 않는 역사고 다른 하나는 사회사로 국가 내의 사람들의 자발적인 행위에 관한 역사다.

힘과 가치·위엄·명예 및 훌륭한 인물

보통 어떤 사람의 힘이란 미래에 확실한 이익(선)을 취하기 위해 지금 현재 갖고 있는 수단으로, 타고난 힘이나 도구적인 힘을 뜻한다. 강한 힘이나 유려한 화술처럼 신체나 정신의 뛰어남은 타고난 힘이고, 부와 명성, 친구처럼 다른 것을 더 많이 획득하기 위한 방법과 수단이 되는 것은 도구적인 힘이다. 그리고 힘의 본질은 높으면 높을수록 계속 늘어나는 명성이나 혹은 앞으로 나아가면 나아갈수록 더욱 빨라지는 무거운 물체의 운동과도 같은 것이다.

인간의 가장 강력한 힘은 여러 사람이 동의해서 하나로 힘을 모아 자연적이거나 사회적인 하나의 인격체가 될 때 생긴다. 그것은 국가 권력 같은 의지에 의존하거나 파벌의 권력처럼 모든 힘을 각각의 특수한 의지에 의존해서 사용하는 것이다. 하인을 두거나 우정을 맺는 것은 그들의 단결력 덕분에 힘이 된다. 마찬가지로 친구나 하인을 얻을 수 있는 관대한 부도 힘이고, 힘에 대한 평판도 힘이다. 조국애도 힘이고 많은 사람들로부터 사랑받거나 그들을 두려워하게 만드는 것 또는 그러한 자질에 대한 평판도 힘이다.

인간의 가치나 값어치는 다른 모든 사물들처럼 그의 값을 뜻한다. 그런데 사람의 가치는 절대적이지 않고 다른 사람의 필요와 판단에 의존한다. 군대의 유능한 지휘관은 앞으로 일어날 예정이거나 현재 벌어지고 있는 전쟁 시기에는 커다란 가치를 갖지만, 평화로운 시기에는 그렇지 않다. 박식하고 부패하지 않은 법관은 평화로운 시기에는 많은 가치를 갖지만 전쟁 시기에는 그렇지 않다. 다른 사물의 경우와 마찬가지로 인간에 있어서도 파는 사람이 아니라 사는 사람이 그 값을 결정한다.

우리가 서로 주고받는 가치는 보통 명예와 불명예로 나타난다. 그리고 국가가 사람에게 부여하는 공적인 가치는 보통 위엄이라고 불린다. 보통 다른 사람에게 도움을 요청하는 것은 명예를 부여하는 행위다. 그것은 그 사람이 도와줄 힘을 가졌다는 뜻을 드러내기 때문이다. 그리고 복종하는 것도 명예를 부여하는 것이다. 어떤 사람도 자기를 돕거나 해칠 힘이 없다고 생각하는 사람에게는 복종하지 않기 때문이다. 결과적으로 복종하지 않는 것은 불명예를 준다.

또한 소유나 행위, 자질은 그 무엇이건 간에 힘의 증거가 되고 힘을 표현하는 것이면 명예롭다. 지배와 승리는 명예로운 것이다. 그것은 힘으로 획득되기 때문이다. 반면에 가난과 공포 때문에 복종하는 것은 불명예스러운 것이고, 행운은 신의 은총인 까닭에 명예로운 것이다. 풍부한 경험이나 지식, 분별력, 앎을 따르는 행위와 말은 모두 명예로운 것이다. 이러한 모든 것이 힘이 되기 때문이다. 반면에 오류나 무지, 우둔함을 따르는 말과 행위는 불명예스럽다.

사회적 명예는 국가의 인격이나 주권자의 의지에 달려 있고, 어떤 관직이나 직무, 칭호 등도 그러하다. 그 행위가 정당한지 아닌지는 명예의 조건을 바꾸지 못한다. 명예는 힘에 대한 평판으로 생기기 때문이다. 위대한 국가가 구성되기 전에는 해적이나 산적도 불명예로 생각되지 않았고 오히려 합법적인 거래로 받아들여졌다.

덕망이 높다는 것은 어떤 사람의 (전체적인) 가치나 값어치와는 다르고, 그 사람의 공적이나 공로와도 다르다. 덕망의 높음은 그럴 만한 가치가 있다고 이야기되는 특별한 힘이나 능력에 있다. 이러한 특별한 능력은 보통 적합성 또는 소질이라고 한다.

예법의 차이

예법이란 인류가 힘을 합쳐 평화롭게 살아가는 데 필요한 품성을 뜻한다(에티켓처럼 단순히 일상생활에서 지켜야 할 도덕적인 습관을 말하는 것이 아님. 명예는 추상적 원칙이 아닌 힘에 달려 있는 것이므로 홉스가 뜻하는 예법은 인간이 평화롭고 안전하게 살아가기 위해, 그리고 욕망의 충족을 위해 꼭 지켜야 할 행동 양식을 뜻함). 이를 위해 우리는 삶의 행복이 만족스런 마음의 평화에 있지 않다는 점을 알아야 한다. 왜냐하면 과거의 도덕 철학자들이 책에서 말하는 궁극적인 목적이나 최고의 선 같은 것은 애초에 없기 때문이다. 행복의 지속이란 하나의 목적지에서 다른 목적지로 향하는 끊임없는 욕망의 연속으로, 한 가지 목적을 달성한다 하더라도 그것은 또 다른 목적으로 가기 위한 길에 불과하다.

사람의 자발적인 행위와 성향은 만족스런 삶을 준비하게 하고 또한 그것을 보장받게 한다는 점에서 같지만 그 방식이 다르다. 그 차이는 일정 부분 인간의 정념이 각기 다르기 때문에, 또는 욕망한 결과를 낳는 여러 원인들 중 하나에 관한 지식이나 의견이 다르기 때문에 드러난다. 그러므로 나는 다른 무엇보다도 모든 인류의 보편적인 성향을 죽을 때에야 사라지는 끊임없는 힘에 대한 욕망이라고 본다. 사람이 이미 갖고 있는 것보다 더 강한 즐거움을 바라거나 적당한 힘에 만족하지 못한다는 뜻은 아니다. 더 많이 획득하지 않고서는 현재 보유하고 있는 잘 살기 위한 힘과 수단을 확신할 수 없기 때문에 그렇다는 것이다.

여기서 다음과 같은 점이 드러난다. 가장 강한 권력을 가진 왕들은 국내에서는 법으로, 외국과는 전쟁으로 권력을 확보하려고 온갖 노력을 다하는데, 그 목적이 달성되면 새로운 욕망이 그 뒤를 잇는다. 부와 명예, 지휘권, 다른 권력을 놓고 벌이는 경쟁은 말다툼이나 증오, 싸움으로 변하기 쉽다. 한 사람이 자신의 욕망을 충족시키는 방법은 경쟁자를 죽이거나 복종시키거나 강압적으로 밀어내거나 추방하는 것이기 때문이다.

편안함과 육체적 쾌락에 대한 욕망은 인간을 공동의 권력에 복종하게 만든다. 그러한 욕망 때문에 인간은 자신의 근면함과 노동으로 얻을 수 있으리라고 기대되는 현실적 보장을 포기한다. 죽음과 고통에 대한 공포도 마찬가지 이유로 인간을 그렇게 만든다. 또 지식과 평화를 가져올 방법에 대한 욕망도 인간이 공동의 권력에 복종하게 만드는데, 이것은 여유롭게 지내려는 욕망을 포함하고 있어 다른 힘에 의한 보호를 바라게 한다.

자신과 비슷하다고 생각하는 사람에게서 훗날 우리가 보답할 수 있는 양보다 더 많은 도움을 받는 것은 거짓 사랑에 쉽게 빠지게 하고 남모르는 증오를 만든다. 또 자기 자신보다 우월하다고 인정하는 사람에게서 도움을 받는 것은 사랑에 빠지게 만든다. 이런 빚을 지는 것은 어떤 새로운 속박이 아니기 때문이다. 다른 사람에게 용서를 구할 수 있는 것보다 더 많은 손해를 입히는 것은 가해자가 피해자를 증오하게 만든다. 왜냐하면 가해자는 복수 혹은 용서를 예상해야만 하는데 이 둘은 모두 증오를 전제로 하고 있기 때문이다.

권리와 형평성, 법률, 정의의 원인과 그것의 원래 구조에 대한 무지는 인간에게 관습과 앞선 사례들을 그 행동 규칙으로 삼게 한다. 옳고 그름의 본질을 모르면 관습에 집착하게 된다. 이런 사람들은 자신에게 편한 대로 필요할 때는 관습을 버리고 이성에 호소하거나, 그 반대일 경우에는 이성을 버리고 관습에 호소한다.

호기심, 즉 원인을 알고자 하는 지식에 대한 애정은 그 결과에 대한 고찰을 하게 하면서 우리를 그 원인으로, 다시 그 원인의 원인을 탐구하도록 이끈다. 이 과정은 반드시 그 앞에 원인이 없는, 즉 영원한 원인이 되는 어떤 최초의 원인이 존재한다는 생각까지 이르고야만다. 인간은 그것을 신이라고 부른다. 사물의 자연적인 원인을 거의 또는 전혀 탐구해 보지 않은 사람은, 자신에게 유리하거나 나쁘게 작용하는 힘에 관한 무지가 불러온 공포심 때문에 여러 가지 종류의 보이지 않는 힘을 가정하고 꾸민다. 이런 공포는 모든 사람이 자신의 경우에는 종교라고 부르고, 자신과 다른 힘을 숭배하거나 두려워하는 사람의 경우에는 미신이라고 부르는 것의 자연스런 씨앗이 되었다. 그리고 이런 종교의 씨앗을 많은 사람들이 지켜 냈고 그

중 일부는 그것에 영양을 공급하고 옷을 입히고 법의 형태로 꾸며 냈다.

종교

종교의 징표나 열매가 인간에게만 존재한다는 점을 보면 종교의 씨앗 역시 다른 창조물에는 없으나 인간에게만 있는 특별한 성질에서 나온 것임에 틀림없다. 첫째, 그것은 사건의 본래 원인을 알려고 드는 인간의 특별한 본성에서 생긴다. 둘째, 그것은 어떤 일에 있어서 빠르거나 늦지 않은 적절한 시점에 그 일이 시작되게 만드는 원인이 있다고 생각하게 한다. 이런 두 가지 요소는 불안을 만들고, 어둠 속에 있는 것처럼 원인을 알 수 없는 상태에서 인간을 늘 따라다니는 이 끊임없는 공포는 어떠한 대상을 필요로 한다. 고대의 시인들이 말했듯 인간의 두려움이 처음으로 신을 창조했다는 것은 이런 의미였을 것이다. 그렇지만 영원하고 무한하며 전지전능한 유일신을 인정하는 것은 장차 자신들에게 일어날 일에 대한 공포보다, 자연의 물체와 그것들의 다양한 속성이나 작용의 원인을 알고자 하는 인간의 욕망에서 더욱더 쉽게 생길 수 있다. 그리고 종교의 자연적인 씨앗은 유령에 대한 의견, 이차적인 원인에 대한 무지, 인간이 두려워하는 것에 대한 애착, 우연적인 일을 징후로 받아들이는 것, 이 네 가지 요인 속에 들어 있다.

대체로 두 부류의 인간이 종교의 씨앗을 길러 왔다. 한 부류는 자신의 창조성에 따라 씨앗을 기르고 체계화한 사람들이고, 다른 부류는 신의 명령과 계율에 따라 그렇게 한 사람들이다. 이 두 부류 모두 자신에게 의지하는 사람들이 복종과 법, 평화, 자비를 따르고 시민 사회에 더욱더 잘 복종하는 인간이 될 수 있도록 하기 위해 종교의 씨앗을 기르고 체계화했다. 앞의 경우 종교는 인간 정치의 일부며, 지상의 왕이 자신의 국민에게 필요한 의무를 가르치는 것이다. 그리고 뒤의 경우 종교는 신의 정치며, 신의 왕국의 신하가 된 사람들이 지켜야 할 계율을 포함한다. 앞의 부류 가운데는 이방인 국가의 창건자와 입법자들이 있으며 뒤의 부류 가운데는 신의 왕국의 계율을 우리에게 전해 준 아브라함과 모세, 우리의 축복받은 구세주가 있었다.

그런데 이방인들 가운데 최초의 국가 창건자와 입법자들은 국민을 복종하게 만들고 평화를 유지하기 위한 목적을 가지고 있었기 때문에 다음과 같은 사항에 유의했다. 첫째, 이들은 국민의 마음에 주입한 계율들이 자신들의 창조물이라기보다 신탁에 따르거나 인간이 아닌 다른 존재에게서 받은 것들이라는 믿음을 주지시키려고 했다. 혹은 그들이 만든 법을 대중이 더 잘 따르도록 자신들이 고귀한 본성을 지니고 있다는 믿음을 주입시키려고 노력했다. 둘째, 국민이 법이 금지하는 일을 하는 것은 곧 신을 노엽게 만드는 것이라는 믿음을 주입시키려고 했다. 셋째, 의식, 기원, 산 제물, 축제를 정하는 것에도 주의를 기울였다. 그들은 이런 것들로 신들의 분노를 진정시킬 수 있다고 믿었고 전쟁의 패배나 질병의 대대적인 확산, 지진이나 개인적 불행은 신들의 분노에서 나온 것이며 신들의 분노는 숭배를 게을리하거나 의식을 빠뜨리거나 혹은 그것을 잘못 수행해서 그런 것이라고 믿게 만들었다. 그리고 이런 것들과 다른 제도에 의해이들은 통치자에 대한 반항을 약화시키고 국가의 평화라는 목적을 실현시킬 수 있었다.

(그런데 중세 기독교 국가에서) 사제들의 타락은 국민의 신앙심을 감소시켰다. 그리고 스콜라 철학자들도 철학과 아리스토텔레스의 이론을 종교에 도입해서 많은 모순과 불합리를 만들었다. 성직자는 무식하고 기만적인 의도를 지녔다는 평판을 받았고, 국민은 프랑스와 네덜란드에서처럼 그들 군주의 의지를 반대하며 반란을 일으키거나, 영국에서처럼 그들 스스로의 의지로 반란을 일으키게 되었다. 나는 세계의 종교를 변화시키는 모든 원인들을 하나의 동일한 원인에서 찾는데, 그것은 바로 만족스럽지 못한 성직자들이다. 그리고 이런 성직자들은 가톨릭 교회만이 아니라 종교 개혁에 가장 적극적이라고 여겨지는 교회 안에도 존재한다.

3. 자연 상태와 인간의 행동을 제약하는 자연법

　제3장은 홉스의 주장에서 가장 많이 알려진 내용으로 '만인에 대한 만인의 투쟁'을 설명하는 장이다. 홉스는 사람의 신체와 정신 능력은 어느 정도 비슷하기 때문에, 모든 사람이 다른 이들 및 사물에 대한 권리를 등등하게 지닌 자연 상태에서는 갈등과 전쟁이 끊이지 않는다고 보았다. 자연 상태에서 모든 사람은 서로에 대해 늑대이므로 만인에 대한 만인의 투쟁은 그야말로 폭력에 의한 죽음의 공포를 불러온다. 홉스에 의하면 이 투쟁을 피할 길은 이성을 길잡이로 삼는 자연법뿐이다.

　여기서 홉스는 모두 열아홉 개의 자연법을 제시한다. 그중 가장 널리 알려진 것은 모든 사람이 평화를 위해 노력해야 한다는 제1의 자연법과 평화를 위해 다른 사람들과 함께 자연권을 포기해야 한다는 제2의 자연법이다. 마음대로 행동하고 무엇이든 가질 수 있는 자연권을 포기/양도하는 서약/계약을 맺음으로써 자연 상태는 사회 상태/국가로 이행한다.

　그런데 앞에서 보았듯 사람들을 움직이는 내적인 동기는 힘에의 욕망이고 강력한 정념들이다. 사회 상태에서 사람들은 힘을 추구하거나 자신의 이익을 지키기 위해 언어나 문서로 맺어진 서약이나 계약을 지켜야 한다. 하지만 강력한 제재가 없으면 사람들은 이런 약속을 잘 지키지 않으므로 서로의 동의 아래 계약을 강제적으로 집행할 수 있는 공통의 권력/공권력을 구성한다. 바로 이 공통의 권력/공권력이 리바이어던이고, 그 목적은 사회의 평화와 사람들의 안전을 보호하기 위한 것이다.

　제3장에서 홉스는 이런 계약 상태를 유지하기 위해서 인격을 강조한

다. 하지만 여기서 말하는 인격은 흔히 우리가 사용하는 의미와 다르다. 그리스어나 라틴어 어원에 따르면 인격을 의미하는 페르소나는 가면을 뜻한다. 즉 인격은 가면을 쓰고 다른 사람의 역할을 하는 배우다. 홉스의 논리에 따르면 연극의 대본을 쓰는 사람은 국민이지만 그 연기를 하는 배우는 국가다. 대본을 쓰는 작가는 배우를 통해 자신의 이야기와 의도를 전달해야 하고, 설령 배우가 그것을 잘못 전달한다 해도 작가는 그 연극에 관해 공동 책임을 져야 한다. 작가는 배우를 통해서만, 마찬가지로 국민은 국가를 통해서만 자신을 드러낸다. 물론 사람들이 서로의 동의 아래 리바이어던을 구성하고 자연권을 포기했다 해도 그 권리의 최초 소유자는 그 자신이다. 하지만 소유자들을 대표하는 리바이어던은 국민의 평화와 안전을 위해 절대적인 권력을 행사하고 국민은 이에 복종해야 한다. 만인과 투쟁을 벌이는 자연 상태보다는 차라리 독재 정치가 더 낫다는 것이 홉스의 설명이다. 인민 주권의 가면을 쓴 절대 군주, 그것이 바로 홉스가 만들어 낸 근대의 프랑켄슈타인이다.

자신의 행복과 불행에 관심을 갖는 인간의 자연적인 조건

자연은 인간을 신체적으로나 정신적으로나 평등하게 만들었다. 간혹 다른 사람보다 더 강한 신체를 지니거나 더 영리한 사람이 발견될지라도, 전체적인 면을 종합해서 평가하면 사람과 사람의 차이란 내가 주장할 수 없는 이익을 다른 사람이 주장할 수 있을 만큼 크지 않다. 신체의 강함에서 본다면 가장 약한 사람도 같은 위험에 처한 다른 사람들과 연합해서 가장 강한 자를 죽이기에 충분한 힘을 갖고 있기 때문이다. 그리고 정신적인 면에서도 사람들의 능력이 평등하다는 점은 더욱더 분명해진다. 오류가 없는 법칙이나 학문에 따라 행동하는 능력은 극소수의 사람들에게만 주어질 뿐, 대다수의 능력은 비슷하다. 더구나 신중함이란 경험으로 습득되는데, 사람들은 (대개) 똑같은 시간에 동일한 경험을 하기 마련이다. 따라서 이런 평등함을 불신하게 만드는 것은 자기 자신의 지혜를 자만하는 허황된 마음뿐이다.

이렇게 능력이 평등하므로 자신의 목적을 달성하려는 희망 또한 평등하다. 두 사람이 동일한 대상을 소유하고 싶은 욕구를 가졌는데 모두 그 욕구를 충족시킬 수 없을 때, 이들은 적이 된다. 그리고 대부분 자신의 생존이나 쾌락만을 추구하려는 목적 달성의 과정에서 다른 사람을 죽이거나 굴복시키고자 한다. 이렇게 서로 믿지 못하기 때문에 자신을 보호하는 가장 이성적인 방법은 선수를 치는 것이다. 즉 상대방이 자신을 위태롭게 할 만큼의 힘을 지니고 있지 않다면, 폭력이나 술책으로 가능한 한 많은 사람들을 지배하는 것이다. 따라서 사람에 대한 지배를 확대시키는 것은 인간의 생존에 필요한 요소기 때문에 모든 이에게 허용되어야 한다. 다른 사람을 공격함으로써 자신의 힘을 늘리지 않고 단지 수세적 입장만을 취한다면 그는 생존할 수 없기 때문이다.

그러므로 사람의 본성에서 우리는 분쟁을 일으키는 세 가지 주된 원인을 발견한다. 첫째, 경쟁심은 사람들이 다른 사람의 신체나 아내, 자녀와 가축을 지배하기 위해 다른 사람을 공격하게 만드는 원인이다. 둘째, 자기 확신의 부족은 자신과 가족, 재물의 안전을 지키기 위해 다른 사람을 공격하게 만드는 원인이다. 셋째, 명예심은 한마디 말이나 웃음, 서로 다른 의견이나 자신에 대한 과소평가 같은 사소한 것들로 다른 사람을 공격하게 만드는 원인이다.

따라서 모든 사람을 공포에 떨게 만들 공동의 힘이 없다면, 사람들은 만인에 대한 만인의 투쟁 상태에 놓이게 된다. 그리고 전쟁은 단지 전투를 벌이는 동안만이 아니라 전쟁을 하려는 의지가 충분히 알려진 시기에도 벌어진다. 이런 전쟁이 가져오는 가장 나쁜 결과는 지속적인 공포, 폭력에 의한 죽음의 공포가 언제나 존재한다는 점이며, 이 경우 인간의 삶은 고독하고 비참하며, 괴롭고 잔인하고 짧다.

이런 주장으로 인간의 본성을 비난하려는 것은 아니다. 인간의 욕구나 다른 정념들은 그 자체로 죄악이 아니다. 그리고 이런 정념에서 생기는 행동도 법이 그것을 금지했다는 것을 알 때까지 죄악이 아니고, 법을 만들 인격에 관해 사람들이 합의할 때까지는 그 어떤 법도 만들어질 수 없다.

만인에 대한 만인의 투쟁 상태에서 정의롭지 않은 것은 아무 것도 없다. 옳고 그름, 정의와 정의롭지 않음 같은 개념들이 전쟁 상태에서는 실현될 여지가 없기 때문이다. 공통의 권력이 없는 곳에는 법이 없으며, 법이 없는 곳에는 정의롭지 않음도 없다. 전쟁 상태에서는 소유권이나 지배권도 없으며, 내 것과 네 것의 구분도 없다.

따라서 인간으로 하여금 평화를 추구하게 만드는 정념은 죽음에 대한 공포며, 안락한 생활에 필요한 물건들에 대한 욕망이자, 노력해서 그것들을 얻고자 하는 희망이다. (그러므로) 이성은 사람들이 동의할 수 있는 유용한 평화의 조항들을 제안하고, 이 조항들을 '자연법'이라 부른다.

첫 번째 자연법과 두 번째 자연법, 계약

'자연권'은 모든 사람들이 자신의 본성, 즉 자신의 생명을 지키기 위해 자신의 힘을 원하는 대로 사용할 자유다. 따라서 이것은 그 자신의 판단과 이성 안에서 가장 적합한 수단이라고 여겨지는 어떤 일을 행하기 위해 갖는 자유다. 그리고 자유란 외부의 방해 요소가 없는 상태를 의미한다. 자연법은 이성이 발견한 계율이나 일반적인 규칙으로 생명을 제거하거나 생존 수단을 빼앗는 것을 금지한다. 여기서 우리는 권리와 법률을 구별해야만 한다. 왜냐하면 권리는 무언가를 할 또는 그만둘 자유며, 법은 그중 어느 하나를 결정해서 구속하는 것이기 때문이다. 법과 권리는 의무와 자유만큼이나 다르다.

자연 상태에서 모든 사람은 모든 것에 대해, 심지어 서로의 신체에 대해서도 권리를 갖는다. 모든 사람의 자연권이 허용되는 한, 어떤 사람도 생명을 보장받을 수 없다. 그 결과 '평화를 추구하고 평화를 따르라.'는 첫 번째 자연법이 나타난다. 그리고 이 법으로부터 '평화와 자신의 방어를 위해 스스로 필요하다고 생각하는 한, 사람은 모든 사물에 대한 자연권을 다른 사람들과 똑같이 기꺼이 포기해야만 한다. 그리고 그가 자신이 다른 사람에게 허락한 만큼의 자유만 갖는 것에 만족해야 한다.'라는 두 번째 자연법이 만들어진다.

어떤 것에 관한 자신의 권리를 포기함은 다른 사람의 그것에 대한 권리를 방해하지 않는 것이다. 권리는 그것을 포기하거나 다른 사람에게 양도함으로써 버려진다. 권리를 양도한다는 것은 그 권리의 이익을 특정한 사람이 갖도록 허용하는 것이다. 그러나 모든 권리가 양도될 수 있는 것은 아니다. 다른 무엇보다도 사람이 자신의 생명을 앗아가기 위해 폭력을 행사하는 자들에게 저항할 수 있는 권리는 포기될 수 없다. 이런 것은 폭행, 감금, 투옥에 대해서도 마찬가지다.

권리의 상호 양도는 사람들이 '계약'이라고 부르는 것을 맺을 때 이루어진다. 그리고 한 계약 당사자가 계약된 물건을 넘겨주고 일정한 시간이 흐른 뒤 상대에게 그 약속을 이행하도록 할 때 신뢰가 생기는데, 이때 계약은 서로에게 있어 약속 또는 '서약'이라 불린다.

계약은 말로 표현되기도 하고 추측되기도 한다. 추측은 계약자가 자신의 의지를 밖으로 드러낼 때 가능하며, 때로는 말이나 침묵으로, 때로는 행동이나 행동의 자제로 드러난다. 일반적으로 어떤 계약에 관한 추측으로 드러나는 것은 어떠한 경우든 계약자의 의지를 충분히 반영한다.

만약 서약을 맺었다 해도 서로가 지금 아무 것도 이행하지 않고 그냥 신뢰만 한다면, 그것은 단순한 자연 상태다. 강압적인 힘을 갖지 못한 말의 구속력은 인간의 야심과 탐욕, 분노, 다른 정념을 억제하기엔 너무나 약하기 때문에, 그것을 먼저 이행하는 사람은 상대방도 나중에 그렇게 하리라는 것을 확신하지 못한다. 따라서 모든 사람이 동등하고 스스로 자기 자신의 공포가 정당하다고 판단하는 단순한 자연 상태에서는 서약의 이행을 기대할 수 없다. 그러나 만일 서약의 이행을 강제할 충분한 권리와 힘을 가진 공통의 권력이 존재한다면, 그 서약은 무효가 되지 않는다.

또한 목적에 대한 권리는 수단에 대한 권리를 포함한다. 어떤 권리를 양도하는 사람은 자신의 영향이 미치는 한 그 권리를 향유할 수단도 양도하는 것이다. 어떤 사람에게 주권상의 통치권을 준 사람들은 군대를 유지하기 위해 세금을 부과할 권리와 사법 행정을 위해

관리를 임명할 권리를 그에게 함께 부여하는 것이다.

그런데 우리는 말이나 권리의 양도를 이해하지 못하는 짐승과는 서약을 맺을 수 없다. 서로 받아들이지 않는다면 그것은 서약이 아니기 때문이다. 그리고 특별한 계시나 매개를 받지 않는다면 신과 서약을 맺는 것도 불가능하다. 하지만 공포가 강요한 서약은 유효하다. 단순한 자연 상태에서 공포로 맺어진 서약은 구속력을 지닌다. 예를 들어, 살아남기 위해 적에게 몸값을 지불한다거나 봉사할 것을 서약한다면, 나는 그것에 구속된다. 어떤 다른 법이 약속 이행을 금지하지 않는 곳에서라면 그 서약은 유효하기 때문이다. 내가 합법적으로 서약한 것을 스스로 합법적으로 깰 수는 없다.

그리고 어떤 사람에 대한 이전의 서약은 다른 사람에 대한 이후의 서약을 무효로 만든다. 오늘 어떤 사람에게 권리를 양도한 사람은 내일 다른 사람에게 그것을 양도할 수 없다. 그러나 내 자신을 힘으로 방어하지 않겠다는 서약은 언제나 무효다. 어떤 사람도 죽음이나 폭행, 감금으로부터 자기 자신을 보호할 권리를 양도하거나 포기할 수는 없기 때문이다. 그리고 그 누구에게도 그 자신을 고소할 의무는 없다. 사회 상태에서 고소에는 처벌이 뒤따르며 그 처벌은 폭력이기 때문에 인간은 거기에 저항할 의무가 있다.

여러 가지 다른 자연법

　첫 번째, 두 번째 자연법을 뒤따르는 세 번째 자연법은 '사람들은 서로 맺은 서약을 이행해야 한다.'는 것이다. 정의(正義)는 이 자연법에 존재한다. 서약을 맺고 난 뒤 그것을 깨뜨리는 행위는 정의롭지 않다.

　따라서 정의와 소유권은 국가의 설립과 더불어 성립된다. 어느 한 편이 (서약을) 이행하지 않으리라는 두려움을 가질 경우 서로의 신뢰를 위한 서약은 무효가 되기 때문에, 그러한 공포의 원인을 제거할 때까지 사실상 정의롭지 않음은 존재할 수 없다. 그러므로 어떤 엄청난 처벌의 공포가 서약을 평등하게 이행하도록 강제되어야 하고, 그들이 포기한 보편적인 권리에 대한 보상 차원에서 인간이 상호 계약으로 획득한 소유권을 보장해 줄 강제적인 힘도 존재해야 한다. 그러한 힘은 국가가 세워지기 전에는 존재하지 않는다.

　국가가 없는 곳에서는 소유권도 없고 모든 사람은 모든 것에 대한 권리를 갖는다. 따라서 국가가 없는 곳에서는 정의롭지 않은 것이란 없다. 정의의 본질은 법적으로 정당한 서약을 지키는 데 있다. 그러나 서약의 정당성은 그것을 지키게끔 충분히 강제하는 시민 권력을 수립할 때 확보되며, 소유권 역시 그때 시작된다.

　또한 정의는 이성에 반하지 않는다. 안전하고 영원한 천국의 행복

을 가질 수 있는 방법은 서약을 깨뜨리는 것이 아니라 지키는 것이
다. 그리고 반란으로 주권을 획득하려는 시도가 이성에 반한다는 점
은 분명하다. 서약을 지키는 것은 우리 생명을 해치는 행동을 금지
하는 이성의 법칙이며, 결과적으로 자연법이다.

정의가 이전에 맺은 서약에 의존하듯이, 감사는 이전의 은혜를 따
른다. 네 번째 자연법은 이런 은혜에 의지하는 것으로 이렇게 표현
될 수 있다. '다른 사람의 순수한 도움으로 이득을 본 사람은 은혜
를 베푼 사람이 자신의 선의를 후회하지 않도록 노력해야 한다.' 왜
냐하면 사람은 자신에게 이로우리라는 생각이 들 때에만 은혜를 베
풀기 때문이다.

다섯 번째 자연법은 유순함, 즉 '모든 사람은 타인에게 자신을 맞
추려고 노력해야 한다.'는 것이다.

여섯 번째 자연법은 쉽게 용서하기로, '과거의 죄를 뉘우치며 용
서를 구할 경우, 사람은 미래를 보증받고 용서해야 한다.'는 것이다.
용서는 평화를 받아들이는 것에 다름 아니다. 즉 계속 적개심을 드
러내는 자들에게 용서가 허용되면 그것은 평화가 아닌 공포를 가져
오지만, 미래를 보증하는 사람들을 용서하지 않는 것은 평화에 대한
혐오를 증명하는 일이라 할 수 있다.

일곱 번째 자연법은 인간이 복수를 할 때 미래의 이익만을 존중한
다는 점, 즉 악을 악으로 되갚을 때 '사람은 과거의 악의 크기가 아

닌 다가올 선의 크기를 보아야 한다.'는 것이다.

여덟 번째 자연법은 모욕의 금지로, '어떤 사람도 행위나 말, 표정, 몸짓으로 다른 사람에게 증오나 경멸을 드러내면 안 된다.'는 것이다.

아홉 번째 자연법은 자기 자랑의 금지로, 자연이 인간을 평등하게 만들었다면 평등을 받아들여야 한다는 것이다. 또는 설사 자연이 인간을 불평등하게 만들었다 해도, 사람들은 동등한 조건이 아니라면 평화로운 상태로 가려 하지 않을 것이기 때문에 그런 평등을 받아들여야 한다. 따라서 아홉 번째 자연법은 '모든 사람은 태어날 때부터 자신이 다른 사람들과 평등하다는 점을 인정해야 한다.'는 것이다.

열 번째 자연법은 지나친 욕심의 금지로, '평화로운 상태로 갈 때 그 누구도 자신이 보류하고 싶지 않은 권리를 다른 사람에게 보류하라고 요구하지 못한다.'는 것이다.

열한 번째 자연법은 공정성으로, '어떤 사람이 다른 사람들의 일을 판정해 달라는 의뢰를 받았다면, 그것을 공정하게 다뤄야 한다.'는 것이다. 그런 법이 없다면 사람들의 논쟁은 전쟁으로만 해결될 수 있을 것이다.

열두 번째 자연법은 공유물의 동등한 이용으로, '나누어질 수 없는 것은 가능하면 공동으로 향유되어야 한다. 만일 똑같이 나눌 수 있다면 아낌없이 사람 수에 따라 나누어야 옳다.'는 것이다.

열세 번째 자연법은 추첨에 관한 것으로, 나누어지지도 공동으로 향유할 수도 없을 경우 '전체의 권리로 두거나 추첨으로 첫 번째 이용자를 결정한다.'는 것이다.

열네 번째 자연법은 장남의 권리와 최초의 이용에 관한 것이다. 즉 추첨에는 임의로 하는 방식과 자연적인 방식 두 가지가 있는데, 자연적인 것은 최초로 태어난 자에게, 즉 장남에게 주는 방식이다.

열다섯 번째 자연법은 중재자에 관한 내용으로, '평화를 중재하는 사람은 모두 안전한 임무 수행을 보장받는다.'는 것이다.

열여섯 번째 자연법은 중재를 받아들이기로, '서로 논쟁을 벌이는 사람들은 자신의 권리를 중재자의 판단에 맡겨야 한다.'는 것이다.

열일곱 번째 자연법은 '어느 누구도 자신의 재판관이 될 수 없다.'는 것이다. 설사 그가 재판관에 적합하다 할지라도 공정성은 모든 당사자에게 공평한 이득을 인정하기 때문에, 만일 그가 재판관으로 인정된다면 다른 사람도 재판관으로 인정되어야 한다. 그러므로 전쟁의 원인인 분쟁은 여전히 남아 있게 되고 이것은 자연법에 어긋난다.

열여덟 번째 자연법은 '공평하게 판결을 내리지 않을 이유를 가진 사람은 재판관이 될 수 없다.'는 것이다. 어느 당사자의 승리로 이득이나 명예, 쾌락을 누릴 수 있는 사람은 중재자가 되면 안 된다.

열아홉 번째 자연법은 증인에 관한 것으로, '논쟁 중인 사실에 관해 재판관은 당사자가 아닌 제삼자나 다른 증인을 믿어야 한다.'는 것이다.

지금까지의 논의는 자연법을 아주 세밀하게 추리한 것이다. 이것을 쉽게 요약하면 '다른 사람이 당신에게 하지 말았으면 하는 일을 다른 사람에게 하지 말라.'는 것이다.

이런 법에 관한 학문이 진정하고 유일한 도덕 철학이다. 도덕 철학은 인간 사이의 대화나 인간 사회에서 무엇이 선이고 무엇이 악인지를 밝히는 학문에 다름 아니기 때문이다. 선과 악은 우리의 욕구와 혐오를 나타내는 명사로 사람의 각기 다른 기질이나 관습, 원칙에 따라 달라진다. 바로 이 점에서 토론과 논쟁, 끝내는 전쟁이 벌어진다. 따라서 개인의 욕구가 선과 악의 척도가 되는 한 인간은 단순한 자연 상태, 즉 전쟁 상태에서 살아갈 수밖에 없다. 결과적으로 모든 사람은 평화가 선이며 평화의 길과 수단인 자연법이 선, 즉 윤리적인 덕이라는 점에 동의해야 한다.

인격과 작가, 인격을 가진 사물

인격이란 '자기 스스로 말하고 행위하는 사람이나, 사실이건 아니건 스스로 다른 사람이나 다른 사물의 말과 행위를 대표하는 사람'

을 가리킨다. 말이나 행위가 그 자신의 것으로 여겨지면 그는 자연적인 인격이라 불리고, 다른 것의 말과 행위를 대표하면 가장된 인격 또는 인공적인 인격이라 불린다.

인격은 라틴어로 페르소나라고 한다. 이는 무대에서 공연하는 배우의 분장처럼 가면이나 복면을 의미했는데 그것이 어떤 말과 행위의 대표자로 바뀌어 버린 것이다. 그러므로 인격은 무대와 일상 대화에서 배우와도 같은 것이다. 인공적인 인격 중 어떤 것은 그 사람이 대변하는 사람들의 말과 행위를 가리킨다. 이때의 인격은 배우 또는 대리인이고, 그 말과 행동을 소유하는 사람은 작가[홉스에게 작가(author)라는 개념은 매우 중요함. 리바이어던을 만든 사람은 주권자가 아닌 국가를 구성하는 국민이고 그들이 바로 국가의 작가이므로, 홉스는 국민이 국가를 만든 목적에 따라 무조건 복종해야 한다고 주장함. 즉 국민은 국가의 창조자로서 국가의 결정에 책임을 지고 그 결정을 충실히 따라야 한다는 것임] 또는 본인이다. 이 경우 대리인은 권한을 갖고 행동한다.

따라서 권한을 가진 서약은 작가를 구속한다. 배우 또는 대리인이 권한을 가지고 서약을 맺을 때, 그 서약은 작가 자신이 그것을 맺은 것처럼 작가를 구속하고, 그만큼 작가는 그 모든 결과를 따라야 한다. 따라서 자신이 가진 권한을 모르고서 대리인이나 대표자와 서약을 맺은 작가는 위험을 각오하고 그렇게 하는 것이다. 그 누구도 자신이 직접 맺지 않은 서약을 책임지지 않기 때문이다. 그런데 대리인이 작가의 명령에 따라 자연법에 반하는 일을 할 때, 이전의 서약에 따라 대리인이 작가에게 복종했다면 대리인이 아니라 작가가 자연법을 어기는 것이다.

교회나 병원, 다리와 같은 무생물은 목사나 병원장, 다리 감시인으로 인격화된다. 그러나 무생물은 작가일 수 없고 그 대리인에게 권한을 부여할 수 없다. 그리고 이성을 발휘하지 못하는 어린이나 바보, 미치광이들도 보호자나 후견인에 의해 인격화될 수 있지만, 그 행위가 이성적인 것으로 판단될 때까지는 이들 대리인이 행한 어떠한 행동에 대해서도 그들은 작가일 수 없다.

대중은 그들이 한 사람 또는 하나의 인격에 의해 대표될 때 하나의 인격으로 만들어진다. 그러므로 그것은 특히 대중을 구성하는 모든 사람의 동의로 이루어진다. 인격을 하나로 만드는 것은 대표되는 사람들의 통일성이 아니라 대표하는 사람의 통일성이기 때문이다. 그리고 그 인격, 단 하나의 인격을 갖는 것은 대표하는 사람이다. 그렇지 않다면 대중은 통일성을 이해할 수 없다. 그리고 만일 대표하는 사람이 다수의 사람으로 구성된다면, 더 많은 수의 의견이 전체의 의견으로 여겨져야 한다.

제2부 리바이어던은 무엇인가

Leviathan

제2부 리바이어던은 무엇인가

제1부가 인간 개개인의 인식이나 욕망과 공포, 그리고 자연법을 다루었다면 제2부는 인간은 어떻게 자연 상태에서 사회 상태, 즉 국가를 만들게 되었는가라는 국가의 형성 과정, 그 국가 속에서 살아가는 사람들 사이의 관계, 그리고 하나의 유기체이자 인격체인 국가가 어떻게 성장하고 패망하는가라는 문제를 다루고 있다.

홉스는 자연 상태의 무제한적인 자유가 인간을 폭력과 공포 앞에 놓이게 했고, 사람들은 그런 위험으로부터 벗어나기 위해 서로 계약을 맺고 리바이어던, 즉 국가를 만들었다고 주장한다. 그럼 이러한 국가를 대표하는 인격인 주권자는 어떤 권한을 갖고 있어야 하는가. 또 주권자와 국민에게는 어떤 권리와 의무가 있으며, 국가를 위기에 빠뜨리는 요인에는 무엇이 있는가. 이런 국가의 문제에 대한 홉스의 대답이 제2부의 주요 내용이자 《리바이어던》의 핵심 부분이다. 홉스는 제2부를 '국가론'이라 이름 붙였으나 여기서는 내용의 흐름상 제목을 교체했다.

4. 폭력적인 죽음에 대한 공포와 국가의 수립

앞에서도 나왔지만 홉스는 국가가 없는 자연 상태에서 모든 사람은 모든 것을 마음대로 할 권리를 가지며, 누구나 다른 사람의 생명이나 물건을 빼앗을 수 있다고 보았다. 이런 자연 상태에서는 모든 사람이 다른 사람들과 싸움을 벌이기에 인간의 삶은 늑대의 생활과 다를 바 없다. 인간은 자연 상태에서 무엇이든 마음대로 할 자유를 누리지만 바로 그 자유 때문에 싸움을 피할 수 없다. 이런 자연 상태에서 일상화된 폭력에 의한 죽음의 공포를 피하기 위해 사람들은 서로 계약을 맺고 리바이어던이라 불리는 괴물, 즉 국가를 만든다. 그리고 그 괴물을 움직이는 사람을 주권자라 한다.

따라서 국가를 만든 힘은 군주의 폭력이 아닌 사회 구성원들의 동의에서 나온다. 하지만 일단 국가가 수립되면 국민은 주권을 가진 사람이나 집단에게 무조건 복종해야 한다. 강력한 권력이 없다면 주권자는 사회의 평화와 안전을 유지한다는 국가의 설립 목적을 지킬 수 없기 때문이다. 그래서 주권자는 필요한 모든 법률을 만들 수 있고 관리를 임명하고 파견할 수 있다. 심지어 주권자는 국민이 무엇을 읽고 배울 것인지도 결정하고 언론을 검열할 수도 있다. 반면에 국민은 주권자를 비판하거나 처벌할 수 없다. 국민이 서로 계약을 맺어 주권자를 만들었기 때문에, 그 계약의 당사자가 아닌 주권자는 국민으로부터 아무런 통제도 받지 않는다. 주권자는 그야말로 절대 권력을 누린다.

물론 이런 절대 권력은 부패할 수 있고 남용될 수도 있다. 그러나 홉스는 주권자의 절대 권력이 제아무리 나쁘다 한들 자연 상태의 폭력이나 내전 상황보다는 낮다고 주장하면서 그 권력을 옹호한다. 그리고 홉스는 여러 사람이 공동으로 주권을 가질 때보다 한 명의 군주가 주권을 행사할 때 국가의 설립 목적이 가장 잘 지켜질 수 있다고 생각했다. 여러 명이 함께 주권을 가질 경우 권력층 내부에서 분쟁이 벌어져 사회를 혼란에 빠뜨릴 수 있다고 봤기 때문이다. 또한 홉스는 군주의 주권이 그의 자식이나 형제, 친척 등에게 계승되어야 옳다고 봤다.

이렇듯 그에게 국가는 사회의 안전과 평화를 보장하기 위한 장치였다. 따라서 자연 상태의 자유를 버리고 국가를 수립했다면, 그 국가에 무조건 복종하는 것은 당연한 일이었다. 그렇기에 홉스는 만일 주권에 맞서거나 주권자를 비판하고자 한다면, 굳이 자유를 버리고 국가를 만들 필요가 없지 않느냐고 반문한다.

국가의 발생 원인과 그 의미

국가의 목적은 모든 사람의 안전이다. 사람을 움직이는 궁극적인 동기나 목적은 자신의 생존과 그로 인한 만족스런 삶이다. 그런데 자연법은 이런 생존을 보장하지 못한다. 자연법에 복종하도록 만드는 어떤 힘의 위협이 없다면, 즉 힘에 대한 공포가 없다면 자연법은 편파성이나 자만심, 복수심 등을 막지 못한다. 칼을 갖지 않은 계약은 말에 지나지 않아서 인간을 보호할 힘이 없다.

소수의 사람들이 결합하더라도 그들에게 안전은 확보되지 않는다. 오히려 소수의 결합은 그 늘어난 힘으로 다른 사람을 공격하는데 사용할 수 있을 뿐이다. 거대한 다수가 존재할 수 없다면, 그리고 다수가 모여도 그들의 행동이 각자의 판단에 따라 움직인다면, 그들은 공동의 적이나 그들 서로의 분쟁을 피할 수 있는 보호나 방어를 기대할 수 없다. 만일 우리 모두에게 두려움을 주는 공동의 권력 없이도 정의와 다른 자연법을 따르는 다수의 대중이 존재한다면, 우리는 모든 인류가 그렇게 행동할 것이라는 사실을 가정할 수 있다. 그리고 그때에는 복종 없이도 평화가 실현될 것이므로 국가가 전혀 필요하지 않을 것이다.

이성과 언어를 갖지 못한 동물도 어떤 강제력 없이 사회생활을 할 수 있다. 꿀벌과 개미 같은 동물이 그 예다. 그런데 인간은 왜 그런 생활을 할 수 없는 것일까? (그 근거는 인간의 비교하고자 하는 심리, 자부심과 경쟁심, 욕망과 애착 등 여러 가지를 들 수 있겠지만) 이러한 동물들의 합의는 본능적인 것이고, 인간의 합의는 오직 인위적인 서약에 의해서만 이루어지기 때문이다. 그러므로 인간의 (인위적인) 합의를 영원하고 지속적인 것으로 만들려면 서약 외에 다른 것이 요구된다. 그것이 바로 인간에게 두려움을 주고 그들의 행위가 공동의 이익을 따르도록 지도하는 공동의 권력이다.

외부의 침입과 서로의 분쟁을 막을 수 있는 공동의 권력을 세우는 유일한 방법은 그들 모두의 권력과 힘을 한 명의 인물, 또는 하나의 집단에게 양도해 다양한 목소리를 가진 그들의 의지를 하나의 의지로 단순화하는 것이다. 이것은 동의나 합의 이상의 것이며 계약을 통해 하나의 인격으로 탄생한 만인의 통일이다. 그것은 마치 "당신도 나와 마찬가지로 당신의 모든 권리를 그에게 주고, 그가 하는 모든 행동에 권위를 싣는다는 조건으로 나는 내 자신을 지배하는 권리를 이 사람 또는 이 집단에게 양도한다."라고 말하는 것과 같다. 이렇게 하나의 인격으로 통일된 대중은 국가나 시민이라고 불린다. 이것이 바로 위대한 '리바이어던'의 탄생, 보다 경건하게 말하자면 우리가 '불멸의 신'에게 의지하듯 우리의 평화와 안전을 맡길, '죽을 운명을 가진 신'의 탄생이다.

국가를 정의하자면 '다수의 사람들이 서로 계약을 맺어 모든 사람을 국가의 건설자로 만들 때, 국가는 공동의 평화와 안전을 위해 필요하다고 생각되는 모든 힘과 수단을 사용할 수 있는 하나의 인격'이다. 그리고 이러한 인격을 가진 사람을 주권자라 부르고 그 밖의 다른 모든 사람들을 국민이라 부른다. 이 주권을 획득하는 방법은 두 가지다. 하나는 자연적인 힘으로, 한 사람이 아이를 낳아 자신에게 복종하게 만들고 만약 아이들이 그것을 거부한다면 그들을 죽이거나, 또는 전쟁을 일으켜 적들을 자신의 의지에 복종시키고 그들이 복종할 때에만 목숨을 살려 두는 것이다. 다른 한 가지 방법은 다른 사람들로부터 보호해 준다는 약속을 받고 어떤 사람이나 집단에게 자발적으로 복종하기로 서로 동의하는 것이다. 뒤의 방법은 정치 공동체 또는 제도로 설립된 국가라고 불릴 수 있으며, 앞의 방법은 획득한 국가라고 볼 수 있다.

제도로 설립된 주권자의 권리

제도로 설립된 주권과 국가는 국민의 동의로 세워진다. 일단 제도가 수립되면 그 국가에서 주권자의 권리와 기능이 나온다.

1. 국민은 정부의 형태를 바꿀 수 없다. 국민은 계약을 했기 때문에 어떤 일에 있어서건 국가의 허락 없이 다른 사람에게 복종하는 새로운 계약을 합법적으로 맺을 수 없다.
2. 주권은 몰수될 수 없다. 모든 사람들의 인격을 떠맡는 권리는 군주와의 계약을 통해서가 아니라 국민들이 서로 계약해서 주권을 그에게 준 것이기 때문에 주권자가 계약을 위반하는 일은 일어날 수 없다. 그러므로 군주의 신하와 국민 중 어느 누구도 그를 침해할 수 없다.
3. 어느 누구도 정의롭지 않은 행위를 저지르지 않고서는 다수가 선포한 주권자의 제도를 거스를 수 없다. 다수가 동의해서 주권자를 선포했기 때문에 동의하지 않은 사람도 그것을 따라야 한다. 즉 주권자가 행하는 모든 행동을 승인하는 데 동의해야 하고, 그렇지 않다

면 나머지 사람들이 동의하지 않는 사람을 살해해도 이는 정당하다.

4. 국민이 주권자의 행위를 정당하게 비판할 수 없다. 왜냐하면 모든 국민이 제도로 만든 주권자의 모든 행동과 판단의 작가이기 때문에 그가 무엇을 하든 그것은 국민에게 해로울 수 없다. 주권자의 잘못된 행위를 비판하는 사람은 자신이 만든 것을 불평하는 것과 같다. 그 누구도 자기 자신에게는 해를 가하지 않기 때문에 어떤 사람도 그를 비판해서는 안 된다.

5. 주권자가 무엇을 하든 국민은 이를 처벌할 수 없다. 모든 국민은 주권자의 행위를 가져온 책임자기에, 주권자를 처벌하는 것은 자신이 저지른 행위 때문에 다른 사람을 처벌하는 것이다.

6. 주권자는 국민의 평화와 안전을 위해 필요하다고 생각되는 것을 판단한다. 국가의 목적은 모든 사람의 평화와 안전이기 때문에 이 목적을 달성하기 위해 주권자는 수단에 대한 권리를 갖는다. 그리고 주권자는 국민이 배워야 한다고 판단되는 이론도 결정한다. 주권자는 평화에 도움을 주거나 해를 끼치는 사상과 이론이 무엇인지를 판단하고 모든 책이 출판되기 전에 검열할 권리를 갖는다.

7. (주권자의) 제정권에 의해서 국민은 자신의 소유가 무엇인지를 알게 되고, 부정을 저지르지 않고서는 다른 사람의 것을 빼앗을 수 없다는 사실을 알게 된다. 규칙을 제정하는 모든 권리는 주권에 속하며 이것에 의해 모든 국민은 그가 누릴 수 있는 좋은 일과 할 수 있는 행동이 무엇인지를 알게 된다. 이것을 준칙이라 부르는데 이것은 대중의 평화를 위해 주권에 속한다.

8. 모든 사법권과 분쟁의 결정권은 주권자에게 있다. 즉 주권자는 시민법이나 자연법 또는 어떤 사실에 관해 일어날 수 있는 모든 논쟁

을 듣고 판정을 내린다.

9. 주권자는 자신이 최선이라고 생각하는 방침에 따라 전쟁을 선포하거나 평화 협정을 맺을 권리를 갖는다. 즉 주권자는 다른 민족이나 국가와 전쟁을 벌일지 평화롭게 지낼지를 결정할 권리를 갖는다.

10. 주권자는 전쟁 시기든 평화 시기든 그 어떤 경우에도 자문 위원이나 장관을 선택할 권리를 갖는다. 주권에는 전쟁을 벌일 때나 평화로울 때 자문 위원을 비롯한 장관과 재판관, 관리를 임명할 권한이 포함되어 있다.

11. 주권자는 상을 주거나 처벌할 권리를 갖는다. 주권자는 자신이 제정한 법에 따라 모든 국민에게 재산이나 명예를 상으로 주고 신체적이거나 금전적인 형벌 또는 명예를 깎아내리는 형벌을 내릴 권리를 갖는다.

12. 주권자는 훈장을 주거나 귀족 작위를 수여할 권리를 갖는다.

지금까지 이야기한 열두 개의 사항은 주권의 핵심을 이루는 것으로 따로 구분하거나 분리할 수 없는 것들이다. 우리가 앞에서 언급한 권리들 중 어느 하나라도 유보된다면, 그 나머지 것들을 갖는다 해도 평화와 정의를 지키는 데는 충분하지 않기 때문이다. 그리고 이러한 권리는 주권을 직접 포기하지 않는 한, 그 어떤 양보에 의해서도 양도될 수 없다.

주권자의 권력은 그것이 없을 때만큼 나쁜 상황을 가져오지 않고, 나쁜 상황의 대부분은 소수의 주권자에게 쉽사리 복종하지 않는

데서 생긴다. 사람의 삶이란 아무런 불편함 없이 유지될 수는 없다. 그리고 어떤 정부 형태에서건 국민이 겪을 수 있는 불편이 아무리 크다 해도 내전이나 다른 혼란스런 상황에 비하면 그 불편은 보잘 것 없다.

제도로 설립된 국가의 종류와 주권의 계승

국가 형태는 주권자 또는 대표자의 구성에서 차이를 보인다. 대표자가 한 사람일 경우에 그 국가는 군주정이고, 대표자가 모임에 참석하는 모든 사람인 경우에는 민주정, 일부의 집단만이 대표자가 되는 경우에는 귀족정이라고 불린다. 이 세 가지 형태 외에 다른 종류의 국가는 존재할 수 없다. 다만 군주정에 불만을 가진 사람들은 그것을 전제정이라고 부르고, 귀족정을 싫어하는 사람들은 그것을 과두정이라 부르며, 민주정에서 고통을 받는 사람들은 그것을 무질서라 부를 뿐이다.

이미 주권이 세워진 곳에서는 같은 사람들을 대표하는 대표자가 두 명일 수 없다. 두 사람의 주권자를 세우는 것은 나라를 주권의 목적에 맞지 않는 투쟁 상태로 몰고 가는 것이다. 따라서 군주정에서 주권자로 불리는 왕이 국민의 대표로 인정되지 않는 것은 결코 이해될 수 없는 일이다.

이 세 국가의 차이점은 권력의 차이가 아닌 제도화된 평화와 국민의 안전을 보장하는 기능이나 능력의 차이에서 생긴다. 그런데 다른 두 가지 국가 형태와 비교할 경우 다음과 같은 군주정의 몇 가지 특징을 살펴봐야 한다.

첫째, 사람은 누구나 자신의 개인적인 이익을 확보하려 하기에 공익과 사익이 서로 충돌할 때 대부분 사적인 이익을 택한다. 인간의 정념이 이성보다 더 강하기 때문이다. 따라서 공익과 사적인 이익이 서로 잘 구분되지 않을 경우에 공익은 가장 잘 확보된다. 그런데 군주정에서는 공익과 사익이 동일하다. 군주의 부와 힘, 명예는 오직 그 국민의 부와 힘, 명예에서 나오기 때문이다. 즉 국민이 가난하거나 비열하고 혹은 너무 약하다면 그들의 왕 역시 부유하거나 영광을 누리거나 안전할 수 없다. 그에 비해 귀족정이나 민주정은 너무나 자주, 딴 마음을 품은 충고나 믿을 수 없는 행동인 내전을 불러온다.

둘째, 군주는 행동하기 전에 자신이 좋아하는 시간과 장소에서, 비밀리에, 지위의 높고 낮음에 상관없이 자신이 생각하는 문제를 가장 잘 아는 전문가에게 조언받을 수 있다. 그러나 귀족정이나 민주정에서는 특정한 사람들만이 참여해서 조언을 할 수 있고 비밀이 유지되지도 않는다.

셋째, 군주의 결단은 인간 본성 외에 그 어떤 것에 의해서도 일관성을 잃지 않지만 귀족정이나 민주정의 회의체는 그 인원수 때문에 일관성을 잃게 된다. 회의체가 결정을 내렸다 해도, 반대 의견을 가진 소수가 열심히 뛰어다니면 어제 결정된 모든 것이 오늘에는 뒤집어질 수 있기 때문이다.

넷째, 군주는 시기심이나 이해관계 때문에라도 일관된 입장을 가질 수밖에 없지만 회의체는 내전을 불러올 만큼 내부의 불일치가 심각해질 수 있다.

다섯째, 군주정에서는 간신이 늘어날 때 한 사람의 권력 때문에 국민이 가진 것을 몽땅 잃어버릴 약점을 가진다. 그러나 이런 약점은 회의체에서도 나타나고 회의체 역시 사악한 자문 위원이나 말 잘하는 사람에게 유혹당하기 쉽다.

여섯째, 군주정에서는 주권이 어린아이나 선악을 구별할 수 없는 사람에게 계승될 수도 있다. 그리고 일부 집단이 그의 후견인이나 보호자를 자처하며 통치할 수 있다. 그래서 이익을 챙기려는 사람들 사이에 경쟁과 싸움이 벌어질 수도 있다. 그러나 이런 단점이 군주정 때문에 생기는 것은 아니다. 군주가 죽기 전에 어린 계승자의 대리인을 지명했음에도 혼란이 발생한다면, 그것은 군주정의 잘못이 아닌 대중의 야심과 부정 때문이다.

물론 모든 사물이 반드시 사라질 수밖에 없듯이 모든 통치자도 죽음을 피할 수 없다. 그래서 평화를 보존하려면 인공적인 질서를 수

립해야 하는데 그것이 바로 왕위 계승권이다. 만일 왕위 계승권이 없다면 통치자가 죽자마자 전쟁 상태로 돌아갈 것이다.

　그리고 계승의 결정권을 현재의 주권자가 갖지 못하는 곳에서는 완벽한 통치가 이루어질 수 없다. 군주정에서는 후계자를 지명하는 권한이 언제나 지금 현재 주권을 소유한 사람의 판단과 의지에 있다. 그리고 이런 계승은 군주가 살아 있을 때 유언이나 분명하게 말을 선언함으로써 이루어진다. 만일 군주가 유언이나 분명한 말을 남기지 않은 경우에는 그 의지의 자연적인 표현을 따르는데, 그것이 바로 관례다. 유언이나 관례조차 없는 곳에서는 군주정을 지속시키는 것을 군주의 의지로 받아들여야 하고 남자든 여자든 왕의 자식이 다른 사람들보다 더 선호되는 것으로 이해되어야 한다. 그리고 왕의 자식마저 없는 곳에서는 형제나 친척이 더 많은 애정을 받는 것으로 생각되어야 한다.

가부장 지배와 폭군 지배

　획득한 국가는 주권을 힘으로, 즉 (사람들에게) 공포심이나 두려움을 줘서 얻어 내는 경우를 말한다. 주권자를 선택한 사람들은 서로에 대한 두려움 때문이 아닌 주권자에 대한 공포심 때문에 복종한다는 점에서 제도로 설립된 국가와 다르다. 그러나 두 경우 모두 국민들은 죽음이나 폭력에 대한 두려움 때문에 주권자의 모든 행동을 인정한다.

가부장적인 지배(아버지가 가장으로서 한 가정을 지배하듯 왕이 한 나라를 지배한다는 이론은 고대부터 현재까지 성인 남성의 자연적 지배 질서를 정당화함. 동양의 경우 '군사부일체'라는 말이 이를 잘 나타냄)는 출산과 정복이라는 두 가지 방법으로 획득된다. 출산에 의한 권리는 부모가 그의 자식에 대해 갖는 것으로 가부장적이라고 이야기된다. 그러나 이 권리는 부모가 자식을 낳았기 때문이 아니라 자식의 동의했기 때문에 성립된다.

자식에 대한 권리는 부모에 속하는데, 국가에서처럼 한 사람은 두 주인을 모실 수 없다. 어떤 사람은 이 통치권이 더 우월한 성인 남성에게 속한다고 보는데 이는 잘못된 해석이다. 왜냐하면 남성과 여성이 힘이나 신중한 판단력에서 항상 차이를 보이는 것은 아니기 때문이다. 자식에 대한 권리가 보통 남성에게 가는 이유는 주로 남성들이 시민법을 제정하기 때문이다.

따라서 단순히 자연적인 조건만 본다면 여성보다 남성이 반드시 유리한 것은 아니다. 만일 계약이 성립되지 않았다면 지배권은 어머니에게 있다. 혼인법이 없는 단순한 자연 상태에서는 어머니가 아버지를 밝히지 않는 한 아버지가 누구인지 알 수 없기 때문이다. 따라서 자식에 대한 지배권은 어머니의 의지에 의존하고 결과적으로 어머니에게 속한다. 지배권은 아이를 기르는 사람에게 있다. 아이는 자기를 지켜 주는 사람에게 복종하기 때문이다. 한 사람이 다른 사람에게 복종하는 목적은 생명의 보존이기 때문에 모든 사람은 자신을 지켜 주거나 자신을 파괴할 수 있는 권력을 가진 사람에게 복종을 약속한다.

그리고 한 자녀의 지배권을 갖는 사람은 그 자녀의 자식과 그 자손들에 대한 지배권도 갖는다. 한 사람의 인격을 지배하는 자는 그 사람의 모든 것에 대한 지배권도 갖기 때문이다. 가부장적 통치권을 계승할 권리는 이미 이야기한 바 있는 군주의 계승권과 동일한 것으로 여겨진다.

정복이나 전쟁 승리로 획득된 지배권을 몇몇 학자들은 전제적인 지배권이라고 부르는데 이는 하인에 대한 주인의 지배권이다. 정복된 자가 당장의 죽음을 피하기 위해 분명한 말로 표현하거나 자신의 의지를 충분히 드러내는 다른 방식으로 서약을 맺을 때 승자는 전제적인 지배권을 획득한다. 그리고 이런 서약이 맺어진 뒤에야 정복된 자는 하인이 된다. 따라서 전제적인 권리는 전쟁의 승리가 아니라 정복당한 자의 동의로 획득된다. 정복한 자에게 지배권을 주는 것은 정복당한 자의 서약이다. 즉 얻어맞거나 사로잡히거나 도망치지 않고 그 자신이 (스스로) 승리자에게 복종했기 때문이다.

지금까지 살펴보았듯 가부장적 또는 전제적인 통치권은 제도로 설립된 주권자의 그것과 동일하다. 모든 경우에 주권자는 절대적이다. 만일 그렇지 않다면 주권은 존재하지 못하고 모든 사람은 자신의 칼로 최대한 스스로를 보호할 수 있는 전쟁 상태에 빠진다.

군주정이나 민주정, 귀족정 모두에서 주권은 인간이 상상할 수 있는 한 가장 막강해야 한다. 사람들은 제한 없는 권력이 가져올 많은 나쁜 결과들을 상상할 수 있다. 그러나 모든 사람이 자신의 이웃에 대해 끊임없이 전쟁을 벌이는, 즉 권력이 없는 상황의 결과는 더욱더 나쁘다. 이런 상황에 처한 인간의 삶은 결코 편안할 수 없다. 오히려 국민의 불복종과 서약의 파기에서 생기는 일을 제외한다면, 그 어떤 국가에서건 그다지 큰 불편은 생기지 않는다. 그리고 주권이 너무 막강하다고 생각해서 그것을 약화시키려는 사람이라 할지라도 그 사람은 그런 주권을 억제할 수 있는 권력, 즉 더 큰 권력에 스스로 복종해야만 한다.

우리가 주권에 관해 생각할 수 있는 최고의 반론은 국민이 언제 어디서 그런 권력에 동의했냐고 묻는 실천적인 질문이다. 그러나 어떤 이는 그런 반론을 제시하는 사람들에게 오랫동안 혼란과 내전이 없었던 왕국이 대체 언제 어느 곳에 존재했냐고 되물을 수 있다. (역사를) 잘 살펴보면, 오래 유지되고 외국의 침략으로 망하지 않았던 국가들에서는 결코 국민이 주권에 관한 논쟁을 벌이지 않았다.

5. 복종을 통한 자유와 시민법

　주권자가 절대 권력을 행사하는 국가에서 국민의 자유는 억압될까? 제5장에서 홉스는 국민이 복종을 통해 자유를 획득한다는 모순인 듯한 주장을 펼친다. 그러나 홉스에게는 이런 주장이 전혀 모순이 아니다. 왜냐하면 홉스가 주장하는 국가 내에서의 자유란 자연 상태의 자유와는 전혀 다르기 때문이다.

　홉스에게 국가 내에서의 자유는 무엇이든 마음대로 할 수 있는 자유가 아니라 법이 금지하지 않은 것을 마음대로 할 수 있는 자유다. 즉 주권자가 법으로 금지하지 않았다면 누구나 자신이 원하는 일을 자유롭게 할 수 있다. 더구나 홉스는 폭력에 의한 죽음을 피하면서도 자신이 원하는 것을 할 수 있기 때문에 국가 내에서의 자유야말로 진정한 자유라고 주장한다. 따라서 국가 내에서의 자유는 주권자의 절대 권력과 모순되지 않고 오히려 주권자의 보호를 받는다.

　국민은 국가 내에서 자유롭게 단체를 설립할 수 있지만 그것이 정치 단체인 경우에는 주권자의 허락을 받아야 한다. 하나의 국가 내에서 주권자가 두 명일 수 없기 때문에 국민들은 마음대로 정치 단체를 만들거나 다른 나라와 동맹을 맺지 못한다.

　그리고 국가의 부는 힘의 원천이기 때문에 매우 중요하며 폭력이 난무하는 자연 상태에서는 당연히 소유권도 있을 수 없다. 누구나 힘으로 다른 사람의 것을 빼앗을 수 있기 때문이다. 홉스는 국가가 세워진 뒤에야 소유권이 보장되기 때문에, 주권자는 국가의 부를 고려해서 사유 재산도 침해할 수 있다고 봤다. 그리고 토지를 거래하거나 외국과 무역을 할 때도 국민은 주권자의 허락을 받아야 한다. 부는 국가의 힘이기 때문에 국가의 관리를 받아야 한다는 것이다.

그 밖에도 국민은 주권자가 제정한 그대로 시민법에 따라야 한다. 단 홉스는 이 시민법이 널리 공표되어 국민이 잘 알 수 있어야 한다고 조건을 붙인다. 법이 잘 알려지지 않을 경우 국민은 자신들이 무엇을 지켜야 할지 어떤 처벌을 받게 될지 알지 못하기 때문이다. 그리고 주권자는 법을 제정할 권한만이 아니라 그 법을 해석할 권한, 즉 재판관을 임명할 권한도 가지면서 국가 내의 분쟁을 해결한다.

말하자면 국민은 법률이 허용하는 한도 내에서만 자유를 누린다. 홉스는 국민의 자유와 권리는 법을 잘 따를 때에만 존중받는다고 주장했다. 오늘의 관점에서 보자면 전제정이나 독재 권력을 옹호하는 듯한 발언이지만, 그가 살았던 시대의 혼란을 감안하고 그가 묘사한 것이 자연 상태의 무질서와 대비된 국가의 상태였다는 점을 고려해 보면 이해하기가 보다 쉬울 것이다.

국민의 자유

분명히 자유는 저항이 없는 상태를 뜻한다. 나는 저항이 운동을 가로막는 외부의 장애물이라고 생각한다. 따라서 자유란 사람이 하고자 하는 의지와 욕망, 성향을 실제로 드러낼 때 방해받지 않는 것이다.

그런데 두려움과 자유가 일치하는 경우도 있다. 배가 침몰할 것이라는 두려움 때문에 물건을 자발적으로 바다에 던질 때 그 둘은 일치한다. 그 사람은 자기 스스로 그렇게 하는 것이고 마음먹기에 따라 재산을 버리지 않을 수도 있다. 그러므로 그것은 자유로운 사람의 행동이다. 그리고 때때로 사람들은 감옥에 갇힐지 모른다는 두려움 때문에 빚을 갚는데, 그것 역시 그의 자유로운 행위다. 보통 국가에서 법률에 대한 공포 때문에 사람이 하는 모든 행동은 행위자가 그렇게 하지 않아도 될 자유를 갖는 것들이다.

자유와 필연성도 일치한다. 인간이 자발적으로 하는 행동은 자신의 의지에 따르기 때문에 자유롭다. 그리고 인간의 모든 의지와 욕망, 취향을 따르는 행동은 이어진 또 다른 원인의 사슬에서 생기기 때문에(이 사슬의 첫 번째 고리는 모든 원인의 최초 원인인 신의 손에 있다), 인간의 모든 행위는 필연성에서 생긴다. 평화를 실현하고 자기 자신을 지키기 위해 국가라는 인위적인 인격을 만들었듯, 인간은 시민법이라고 하는 인위적인 사슬을 만들었다. 국민은 서로의 서약을 통해 이 사슬의 한쪽 끝은 국민이 주권을 부여한 사람 또는 집단의 입술에, 다른 쪽 끝은 자신의 귀에 연결시켰다.

따라서 국민의 자유는 (주권자와의) 서약을 따르는 자유에 있다. 인간의 모든 행동과 말을 완전히 규제할 수 있는 법을 제정한 국가는 세상에 존재하지 않기 때문에, 국민은 법이 미리 금지하지 않은 모든 종류의 행위에서 최대한의 이익을 보장받는 자기 계산에 따를 자유를 갖는다. 그런 점에서 국민의 자유는 주권자가 규제하지 않는 일들, 즉 무엇을 사고 팔 자유, 다른 사람과의 계약의 자유, 살 곳을 선택할 자유, 먹을 것을 선택할 자유, 직업을 선택할 자유, 자신이 옳다고 생각하는 바에 따라 자녀를 키울 자유 등에만 있다.

그래서 국민의 자유는 주권자의 무제한적인 권력과 일치한다. 주권자가 국민에게 행한 행위를 어떤 이유에서건 정의롭지 않음이나 가해라고 부를 수 없다는 사실은 이미 말한 바와 같다. 자신도 신의 국민이기 때문에 자연법을 준수해야 한다는 점을 제외하면, 주권자는 다른 모든 것에 대한 권리를 갖는다. 따라서 국가에서는 국민이 주권자의 명령에 따라 사형될 수도 있고, 실제로 그런 일이 간혹 발생하기도 한다.

그런데도 학자들은 주권자의 자유와 개인의 자유를 혼동한다. 개인의 절대적인 자유는 자연 상태에나 존재한다. 아테네인과 로마인들은 자유로웠다. 그들은 자유로운 공화국의 시민으로서 어떤 개인이 자신의 대표자에게 저항할 자유를 가졌기 때문이 아니라 그의 대표자가 다른 나라의 국민에게 저항하거나 그들을 침략할 자유를 가졌기 때문에 자유로웠다. 국가가 군주정이건 민주정이건 자유는 언제나 동일했다. 그러나 인간은 자유라는 그럴 듯한 이름에 현혹되기 쉽고 자유를 구분할 판단력도 부족하기 때문에, 공적인 대중만이 갖는 권리인 자유를 자신들의 개인적인 상속물이나 타고난 권리로 오해하는 현상이 종종 나타난다. 그리고 국민에게 글로 영향을 미치는 유명한 사람이 이런 오해를 정당한 것으로 인정할 때, 그러한 잘못이 사람들을 선동하고 정부를 무너뜨릴 수 있다는 점은 당연한 사실이다.

따라서 한 국민의 참된 자유의 구체적인 내용, 즉 주권자의 명령을 따르는 국민이 주권자의 행위를 거부할 수 있는 권리가 무엇인지를 알려면, 우리는 국가를 설립할 때 넘겨 준 권리가 무엇인가를 고려해야 한다. 왜냐하면 우리의 의무와 자유는 모두 복종하는 행위에 있기 때문이다. 그러므로 논증도 그것에서부터 시작되어야 한다. 모든 사람은 자연 상태에서 평등하고 자유롭기 때문에 어떤 의무도 그 자신의 행위로부터 발생한다.

국민은 자신의 신체를 방어할 자유, 합법적으로 자신의 권리를 침해하는 사람들에게 저항할 자유를 갖는다. 만일 주권자가 어떤 사람에게 자살을 명하거나 해를 끼칠 경우 그 사람은 복종하지 않을 자유를 갖는다. 어떤 사람도 자신의 말 때문에 스스로를 죽이거나 다른 사람을 죽일 의무는 없다. 마찬가지로 국민은 스스로 원하지 않는 한 전투에 참여할 의무가 없다. 적과 싸우라는 명령을 받은 병사가 그것을 거부할 경우, 주권자에게 사형을 내릴 권리가 있다 하더라도 그는 자기 대신 충분한 능력을 가진 다른 병사로 그 자리를 대체해 병역을 거부할 수 있다. 이 경우 그가 국가에 대한 봉사의 의무를 저버린 것이 아니기 때문에 그것은 올바르지 않은 일은 아니다.

그러나 그 사람이 죄를 저질렀건 저지르지 않았건 자신이 아닌 다른 사람을 지키기 위해 국가의 힘에 저항할 자유는 없다. 왜냐하면 그런 자유는 주권자로부터 우리를 보호할 수단을 빼앗아 정부의 본질 그 자체를 파괴하기 때문이다.

국민이 갖는 최대한의 자유는 법의 침묵(법의 말 없는 승인)에 의존한다. 즉 주권자가 법률로 정하지 않은 경우에 국민은 자신의 판단에 따라 무엇이든 하거나 하지 않을 자유를 갖는다.

그러면 어떤 경우에 국민은 주권자에 대한 복종에서 벗어날 수 있는가? 주권자에 대한 복종의 의무는 그가 국민을 보호할 수 있는 권력을 지닌 한 지속되는 것으로 보아야 한다. 그러나 만약 국민이 전쟁에서 포로가 되거나 그의 신체나 생활 수단이 적의 감시 하에 있고 승리자에게 복종한다는 조건으로만 자신의 생명과 신체의 자유를 지킬 수 있다면, 그는 그런 조건을 받아들일 자유를 갖는다. 그는 자신을 지킬 다른 수단을 갖고 있지 않기 때문이다. 그리고 주권자나 그 계승자가 스스로 권력을 포기하는 경우에도 국민은 주권자에 대한 복종에서 벗어난다. 또 만일 주권자가 자신을 추방했다면, 그 사람은 주권자의 국민이 아니기 때문에 복종에서 벗어난다. 마지막으로 주권자가 다른 주권자에게 정복당해 그에게 복종하게 될 경우, 국민은 이전 주권자에 대한 복종에서 벗어나 승리자에게 복종한다.

국민의 정치적·사적인 조직

지금까지 국가의 설립과 그 형태, 권력에 관해 논했으므로 이제 순서에 따라 국가의 구성 요소에 관해 알아보자. 먼저 인간의 타고난 신체와 비슷한 부분들 또는 근육을 닮은 제도에 관해 이야기해보자. 나는 제도를 어떤 하나의 이해관계나 하나의 사업과 연결된 다수의 사람들로 이해한다. 그리고 제도 중에 어떤 것은 공인되고 다른 것은 공인되지 않은 것인데, 공인된 제도는 한 사람 또는 집단이 그 구성원 전체를 대표한다.

공인된 제도 중에서 자신의 대표자 외에 어느 누구에게도 복종하지 않는 절대적으로 독립된 제도는 국가뿐이다. 그 외의 제도는 주권에 의존한다. 이렇게 의존적인 제도 중에서 어떤 것은 정치적인 것이고 다른 것은 사적인 것이다. 정치적인 제도는 국가의 주권에 따라 만들어진 제도다. 그리고 사적인 제도는 국민들 간에, 또는 외부의 권위로 인해 구성되는 제도다. 외부의 권력에 의존하는 권위는 그 어떤 것이라 해도 다른 나라의 영토 안에서는 공적인 것이 아니라 사적인 것이다.

그리고 사적인 제도 중에는 합법적인 것과 불법적인 것이 있다. 국가가 허용한 제도는 합법적인 제도고, 그 밖의 다른 모든 것은 불법적인 제도다. 따라서 모든 정치 단체에서 대표권은 항상 제한을 받고, 주권은 그 대표권을 제한한다. 제한을 받지 않는 권력은 절대 주권뿐이기 때문이다.

정치 단체의 대표에게 주어지는 권력의 범위는 두 가지에서 나온다. 하나는 주권자가 그들에게 주는 공식 명령서나 문서고, 다른 하나는 국가의 법률이다. 정치 단체의 명령에 저항하는 것은 때때로 합법적이지만 주권에 저항하는 것은 결코 합법적일 수 없다. 일반적으로 모든 정치 단체의 경우 어떤 특정한 회원이 그 단체 때문에 피해를 입었다고 생각한다면, 그의 소송에 대한 판결은 주권자나 주권자가 임명한 재판관이 내리는 것이지 정치 단체가 스스로 내리지 못한다.

또한 주권자는 자문을 위한 정치 단체를 둘 수 있다. 그러나 이 단체는 자신에게 제기되는 문제, 즉 주권자가 제안한 사안들만을 다룬다. 따라서 더 이상 제안하거나 토의할 내용이 없다고 밝혀지면 이 단체는 해산된다.

일반적으로 동맹이란 상호 방위를 위해 결성되기 때문에 국가 안에서 살아가는 국민들끼리의 동맹은 대부분 불필요하거나 불법적인 의도를 지닌다. 하지만 늘 두려운 마음을 갖게 하는 인간의 권력이 확립되지 않은 국민들 사이의 동맹은 합법적일 뿐 아니라 그 동맹을 유지하는 것이 이로울 수 있다. 그러나 주권이라는 수단을 통해 자신의 권리를 유지할 수 있는 하나의 국가에 속한 국민들의 동맹은 평화와 정의를 유지하는 데 필요하지 않다. 그리고 그 동맹의 의도가 사악하거나 국가에 알려지지 않은 경우는 불법이다.

자기 가문만을 위하는 파벌이 옳지 못하듯 교황 옹호자나 프로테스탄트 같은 종교의 지배를 위한 파벌, 고대 그리스나 로마의 귀족 정치 지지자나 민주주의 지지자 등의 파벌도 평화와 대중의 안전을 해치고 주권자의 손에서 칼을 빼앗으므로 올바르지 않다.

주권의 공적인 대리인

주권자가 어떤 일 때문에 채용한 공적인 대리인은 그 업무에서 국가의 인격을 대표할 권한을 갖는다. 자연인의 자격으로 봉사하는 사람은 대리인이 아니고 공적인 일을 집행하면서 봉사하는 사람만이 대리인이다. 따라서 군주의 집에서 일하는 집사나 시종 등은 공적인 대리인이 아니다.

공적인 대리인 중에서 일부는 국가 전체 또는 지방의 일반 행정에서 자신들에게 위임된 일을 담당한다. 국가 전체를 담당하는 사람은 호민관이나 섭정을 하는 사람의 경우처럼 어린 왕이 성인이 될 때까지 왕국의 모든 행정을 위임받을 수 있다. 그리고 군주나 주권자 집단은 지방의 일반 행정을 주지사나 부지사에게 맡길 수 있다. 그런데 어떠한 경우에도 이런 대리인들은 주권자의 의지를 거스르는 권한을 가질 수 없다. 국가의 일을 담당하는 공적인 대리인들은 손발을 움직이는 신경이나 힘줄과 같다.

또 다른 사람들은 국가의 특별 행정을 담당한다. 이런 사람들로는 첫째, 국가 경제를 위해 세금과 사용료, 벌금 등 모든 공공 재정에 관한 권한을 갖고 이를 징수하고 관리하며 계산하는 자들이 있는데 이들은 공적인 대리인이다. 둘째, 군대와 관련된 권위를 갖는 사람들로, 이들은 무기나 요새, 항구를 관리하고 군사들에게 봉급을 주고 훈련을 시키며 전쟁에 필요한 물품을 조달한다. 셋째, 주권자에 대한 의무를 국민에게 가르치고 무엇이 정의롭고 정의롭지 않은 것인지를 알려 주며 공공의 적에 대항하도록 하는 사람들도 공적인 대리인이다. 넷째, 재판정에서 주권자의 인격을 대신해 판결을 내리는 재판권을 부여받은 사람도 공적인 대리인이다. 주권자가 결정한 재판 내용을 집행하고 주권자의 명령을 공포하고 폭동을 진압하며 범인을 체포하거나 투옥하는 권한을 부여받은 사람들도 공적인 대리인이다.

국가의 번영과 확장

국가를 성장시키는 양분은 생존에 필요한 물자의 풍부함과 (적절한) 분배, 그리고 물자의 조합과 준비에 있다. 그리고 물자를 조합할 경우, 공적으로 이용하기 편리한 통로로 물자를 분배하는 전달 과정 속에서 바로 에너지가 결정된다.

물자의 풍요로움은 신이 육지나 바다를 통해 우리에게 공짜로 주거나 우리가 노동으로 생산하는 것들로, 자연은 이 풍요로움을 제한한다. 신이 동물이나 식물, 광석에 들어 있는 이런 영양분들을 우리 인간에게 무료로 주었기 때문에, 그 영양분을 얻기 위해 필요한 것은 노동과 부지런함뿐이다. 따라서 물자의 풍요로움은 신의 은총을 제외한다면 인간의 노동과 부지런함에 의존한다. 그리고 사람의 노동도 다른 물자와 마찬가지로 이익을 위해 교환할 수 있는 상품이다.

이러한 영양분의 분배는 나의 것과 너의 것, 그의 것을 만드는 과정으로, 한마디로 말하면 소유의 정당성을 부여하는 행위다. 모든 종류의 국가에서 이 정당성은 주권에 의존한다. 이미 살펴봤듯이 국가가 없는 곳에서는 만인에 대한 만인의 영원한 전쟁만이 존재한다. 따라서 모든 것은 그것을 폭력으로 획득하고 지키는 사람의 것이며 여기서는 사적이든 공적이든 소유권이 없다.

애초에 토지에 관한 모든 사유재산권은 주권자가 마음대로 분배한 것에서 생겼다. 주권자는 공정하고 공공선에 일치한다고 판단되는 자신의 기준에 따라서 특정한 국민이나 어떤 다수의 국민이 아니라 모든 사람에게 토지의 일부를 나눠 주었다. 따라서 국민의 소유권은 주권자의 지배를 거부할 수 없으며 다만 다른 국민의 지배를 부정할 뿐이다. 주권자가, 즉 주권자로 대표되는 국가가 공동체의 평화와 안전을 위해서 움직이듯이 토지의 분배도 공동의 평화와 안전을 위해 실행된 것으로 이해되어야 한다.

국내에서의 토지 분배와 마찬가지로 외국과 무역을 할 장소 및 그 상품을 정하는 것도 주권자의 권한에 속한다. 만일 이런 권한이 각 개인에게 있다면, 국민들 중 일부가 나라를 위태롭게 할 수단을 적에게 제공하거나 해로운 물건을 수입해서 국가를 해치는 결과를 초래할 수도 있기 때문이다. 또한 소유권 양도에 관한 법률 제정도 주권자의 권한에 속한다.

화폐는 국가의 피다. 금이나 은, 종이 등 어떤 물질로 만들어지든 화폐는 국민 사이에서 모든 물자의 가치를 측정하는 수단이다. 그리고 이러한 측정 수단에 의해 모든 상품은 인간을 따라 이동하면서 모든 곳에 영양분을 제공한다. 그러므로 화폐는 국가의 피다.

또한 국가의 아이는 식민지다. 국가의 출산 또는 아이는 우리가 이민지 또는 식민지라고 부르는 것으로, 이전에 원주민이 없거나 전쟁으로 폐허가 된 외국에서 총독이나 지사의 지배를 받으며 살도록 보내진 사람들이다. 고대의 많은 국가가 그랬듯 이 식민지들이 성장해서 이민을 보낸 주권자에게 복종하지 않을 때 그것은 그들만의 국가가 된다. 또는 로마 제국의 식민지처럼 본국에 속한 채로 그들을 내보낸 국가의 속주가 된다.

조언

　명령은 어떤 사람이 이것을 하라 또는 하지 말라고 말하는 것으로, 말하는 사람의 의지 외에 다른 이유를 생각하지 않는 경우다. 이런 명령은 자신의 의지일 뿐만 아니라 그 자신의 이익을 반영한다. 조언 또한 어떤 사람이 이것을 하라 또는 하지 말라고 말하는 것이지만 말을 함으로써 듣는 사람에게 생기는 이익을 추론할 수 있는 경우다. 즉 조언을 하는 사람은 그 의도가 무엇이건 조언을 듣는 사람의 이익만을 고려하는 듯 보인다. 따라서 조언과 명령은 매우 큰 차이를 갖는데, 명령은 자신의 이익을 지향하고 조언은 다른 사람의 이익을 지향한다. 그리고 사람은 복종을 맹세했을 때처럼 자신이 명령받은 것을 행할 의무를 갖지만, 조언을 받은 대로 행할 의무는 갖지는 않는다. 조언을 따르지 않아서 생긴 피해는 바로 그 자신의 것이기 때문이다. 또한 어느 누구도 자기 자신이 다른 누군가의 조언자가 될 권리를 가졌다고 스스로 주장할 수 없다.

경험은 이전에 관찰했던 비슷한 행동들의 결과를 기억하는 것이고, 조언은 이런 경험을 다른 사람에게 알리는 것이다. 국가에 조언하는 사람은 기억과 정신적인 담론의 측면에서 국가에 기여한다.

간곡한 권유와 간곡한 부탁은 말을 하는 사람이 그 말을 따르게 하려는 강렬한 욕망을 드러내는 조언, 달리 말하면 열정적으로 강요하는 조언이다. 따라서 간곡한 권유와 간곡한 부탁은 조언을 요청하는 사람의 이익이 아니라 조언하는 사람의 이익을 지향하는 것이고, 이는 조언자의 의무와 반대된다. 따라서 조언을 요청받았는데 간곡한 권유와 부탁을 하는 사람은 부패한 조언자이고 자신의 이익을 위해 매수당한 사람이다.

조언을 하는 데 필요한 지혜는 판단이다. 국민의 평화와 안전을 지키기 위해 외국의 침략을 방어하는 것이 국가의 임무임을 생각할 때, 우리는 통치의 권리, 법률, 형평, 명예 또는 자기 나라와 다른 나라의 힘, 재화, 위치, 음모의 계획 등에 관한 방대한 지식이 요구된다는 점을 알 수 있다. 이런 것은 전체만이 아니라 개개의 일에 대해서도 다년간에 걸친 노력과 관찰, 연구를 요한다. 다수의 그리고 신중한 조언자의 도움을 받는 사람이 이 직무를 최선으로 수행할 수 있다.

여러 개의 눈이 하나의 눈보다 많은 것을 본다는 점은 진실이지만 최종적인 결심은 언제나 한 사람을 통해 이루어진다. 많은 눈은 다양한 각도에서 동일한 사물을 바라보게 하지만 개개의 이해관계에서 벗어나지 못하게 하기 쉽다. 그것은 우리가 표적을 살필 때 두 눈을 사용하지만 막상 조준할 때는 한 눈만 쓰는 이치와 같다.

시민법

나는 시민법을 국가의 구성원으로서 반드시 지켜야만 하는 여러 가지 법률로 이해한다. 보통 법이라는 것은 조언이 아니라 명령이며, 모든 사람에게 내려진 명령이 아니라 이미 복종을 맹세한 사람들에게 행사되는 명령이다. 따라서 시민법이란 모든 국민이 옳고 그름을 구별하는 데, 즉 무엇이 규칙을 어기는 것이고 무엇이 규칙을 지키는 것인지를 구별하는 데 사용할 수 있도록 말이나 문서, 의지를 충분히 드러낼 수 있는 다른 여러 가지 방식으로 국가가 명령하는 규칙이다.

그렇기에 국가를 제외하면 그 누구도 법을 제정할 수 없다. 우리는 국가에만 복종하기 때문이다. 그리고 명령은 충분하게 공표되어야만 영향력을 발휘할 수 있다. 그렇지 않다면 사람들이 그 명령에 복종하는 법을 제대로 알 수 없기 때문이다.

나는 이런 점에서 다음과 같은 사실들을 이끌어 낸다. 주권자는 입법자다. 그는 법을 제정하고 폐기하는 권한을 보유하고 있다. 자신을 구속할 수 있는 사람이라면 자신을 해방시킬 수도 있기 때문에 결국 주권자는 시민법의 지배를 받지 않는다. 그리고 관습은 시간의 힘에 의해서가 아니라 주권자가 동의할 때 법이 된다. 그런 점에서 자연법과 시민법은 서로 다른 종류의 법이 아니고 문서로 정리되고 정리되지 않고의 차이를 가질 뿐이다. 그러나 천부의 권리, 즉 자연적인 자유는 시민법의 제한을 받게 된다. 이러한 제한 없이는 평화가 없기 때문이다.

그리고 제정된 법이라 하더라도 알려지지 않으면 법이 아니다. 국가의 명령은 그것을 아는 사람들에게만 법이 되기 때문에 입법자를 알 수 없을 경우에는 법이 되지 못한다. 또 문서화되고 공표되는 것만으로는 충분하지 않고 그 법률이 주권자의 의지에 따른다는 분명한 표현이 있어야 한다. 그리고 법의 해석은 주권자의 권한에 속한다. 입법자가 알려져 있고 법률이 문서나 다른 방식으로 충분히 공표되었다 해도 그것을 의무로 만들려면 다른 중요한 조건이 필요하다. 법의 본질은 문자가 아닌 그 의도나 의미, 즉 법에 관한 믿을 만한 해석에 있다. 따라서 모든 법의 해석은 주권자의 권한에 속하고 주권자가 임명하는 사람만이 법을 해석할 수 있다. 자연법의 해석

역시 도덕 철학 서적이 아니라 주권자의 권력에 의존한다.

　훌륭한 재판관 또는 훌륭한 법률 해석자를 만드는 것은 첫째, 공정성이라 불리는 자연의 가장 기본 법칙을 올바로 이해하는 능력이다. 올바른 이해력은 다른 사람의 책을 읽는 것보다 자기 자신의 타고난 이성과 성찰의 뛰어남에 의존하기 때문에 그럴 만한 여유와 성향을 제일 많이 가진 사람에게 가장 많다고 여겨진다. 그것을 만드는 둘째로는 불필요한 부와 승진을 무시하는 능력을 들 수 있고, 셋째로는 재판에서 모든 공포와 분노, 증오, 사랑, 동정심을 제거할 수 있는 능력을 들 수 있다. 마지막 넷째로는 끈기 있게 듣는 인내력과 재판 과정에서의 놀라운 집중력, 자신이 들은 것을 기억하고 요약하며 적용하는 기억력을 들 수 있다.

　나는 가장 똑똑한 지식인들까지도 시민법과 시민권, 즉 시민의 법과 시민의 권리를 같은 말로 혼동해서 사용하고 있다는 점을 깨달았다. 그러나 그래서는 안 된다. 권리는 자유, 즉 시민법이 우리에게 허용하는 자유를 뜻하는 반면 시민법은 의무고 자연법이 우리에게 제공한 자유를 빼앗는 것이기 때문이다. 자연은 모두에게 자신을 힘으로 보호할 권리, 예방 차원에서 의심스러운 이웃을 침략할 권리를 주었지만, 시민법은 법의 보호가 안전하게 이루어지는 곳에서 그러한 자유를 빼앗는다. 의무와 자유처럼 법과 법률적인 권리는 서로 다르다.

6. 처벌과 보상의 법률

국가는 강제력을 행사해서 국민을 복종하게 만든다. 그렇다면 그 강제력의 내용은 무엇인가? 국가는 법을 어겨서 평화를 깨뜨리는 자를 처벌하고, 법을 잘 지키고 공공의 안전에 이바지하는 사람에게는 적절한 보상을 내리기도 하면서 국민을 다스린다. 즉 당근과 채찍으로 국가는 국민을 복종시킨다. 그러므로 처벌과 보상에 관한 법률에는 어떠한 예외도 없으며 공정성이 생명이다. 다만 법이 충분히 알려지지 않아서 사람들이 그 법을 알지 못했다면 그 범죄는 일정 정도 형벌의 감면을 받을 수 있다.

그러나 홉스가 꿈꾼 나라는 사람들이 법률에 얽매여 노예처럼 사는 곳이 아니었다. 오히려 홉스는 법의 규제가 없다면 사람들 사이에 분쟁과 다툼이 항상 일어날 것이라고 보았기에, 지켜야 할 원칙들을 정확하게 법률로 정해서 사람들이 안전하고 평화롭게 살아가기를 바랐다. 그리고 사람들은 법의 한도 내에서 마음껏 자유를 누릴 수 있었다. 비록 주권자의 재량에 달린 것이었지만 이렇듯 홉스는 법에 의한 지배와 자유에 관한 확고한 원칙을 세웠다.

또한 홉스는 부유하고 힘을 가진 사람들이 범죄를 저지를 경우 다른 사람들보다 더 큰 처벌을 받아야 한다고 주장한다. 이 점은 중세의 신분 질서에서 벗어나 법 앞의 평등이라는 근대적인 법질서를 확립하려는 시도로 볼 수 있다. 홉스는 주권자는 마음대로 처벌하는 것이 아니라 법에 규정된 바에 따라 처벌해야 하고, 형량에 있어서도 가해자가 피해를 입힌 것보다 더 심한 처벌을 주어서는 안 된다고 이야기한다.

범죄와 사면, 정상 참작

죄악이란 법을 위반하는 것일 뿐 아니라 입법자를 모욕하는 짓이다. 그리고 그런 모욕은 입법자의 모든 법률을 한꺼번에 위반하는 것이다. 따라서 죄악은 법이 금지한 일을 저지르거나 금지한 말을 하는 것, 또는 법이 명령한 것을 회피하는 것만이 아니라 법을 어기려 하거나 그러기로 결심한 것에서도 생길 수 있다. 법을 위반하려는 결심은 그 법의 집행을 관리하는 사람을 모욕하는 것이다.

범죄는 법이 금지하는 것을 행동이나 말로 범하는 죄악이고 법이 명령한 것을 회피하는 죄악이다. 그러므로 모든 범죄는 죄악이지만 모든 죄악이 범죄는 아니다. 절도나 살인을 하려는 의도를 품는 것은 실제의 말이나 행동으로 드러나지 않는다 해도 죄악이다. 사람의 생각을 지켜보는 신이 그 책임을 물을 수 있기 때문이다. 그러나 어떤 일이 행해지거나 말해짐으로써 사람인 재판관이 그 의도를 증명할 수 있기 전까지 그것은 범죄로 불리지 않는다. 외부적인 행동으로 드러나지 않은 의도에 대해서는 인간이 그 책임을 물을 방법이 없다.

죄악과 법, 범죄와 시민법의 관계에서 첫째, 법이 사라진 곳에서는 죄악도 사라진다는 점을 추론할 수 있다. 그렇지만 자연법은 영원하기 때문에 서약의 위반이나 배은망덕, 무례함, 도덕적인 미덕을 거스르는 모든 점은 죄악이 아닐 수 없다. 둘째, 시민법이 없어지면 범죄도 소멸한다고 할 수 있다. (그럴 경우) 자연법 이외에는 다른 어떤 법도 존재하지 않기 때문에 책임을 물을 방법이 없다. 모든 사람은 자기 자신의 재판관이 되어 그의 양심만이 책임을 묻고 그자신의 의도의 올바름으로 정화된다. 따라서 그의 의도가 옳다면 그의 행위는 죄악이 아니며, 의도가 올바르지 않다면 그것은 죄악이지만 범죄는 아니다. 셋째, 주권이 소멸될 때 범죄 역시 사라진다. 그런 권력이 존재하지 않는 곳에서는 법이 모두를 보호하지 못하기 때문이다. 따라서 모든 사람은 자신의 힘으로 스스로를 보호할 수 있다.

모든 범죄의 근원은 이해력의 부족 또는 잘못된 추리, 갑작스런 정념의 발작 탓이다. 그런데 그 누구도 자연법을 몰랐다는 이유로는 용서받지 못한다. 이성을 활용할 나이에 이른 사람은 누구나 자기 자신에게 일어나지 않기를 바라는 일을 다른 사람에게 하면 안된다는 점을 알고 있다고 가정할 수 있기 때문이다. 따라서 어디서 온 사람이건 자연법을 거스르는 일을 한다면 그것은 범죄다. 그러나 외국에서 온 사람이 시민법을 잘 모를 경우, 법이 그 사람에게 분명하게 알려질 때까지는 용서받을 수 있다. 확실히 알려질 때까지는 어떠한 시민법도 구속력을 지니지 못하기 때문이다. 마찬가지로 누군가 알고자 해도 어떤 국가의 시민법이 충분히 알려지지 않았다거나 그의 행동이 자연법을 거스르지 않았다면, 무지는 훌륭한 변명거리가 된다. 그러나 그 밖의 경우에 시민법을 몰랐다는 것은 용서받지 못한다.

자신이 매일 거주하는 곳의 주권자를 몰랐다는 것은 용서받지 못한다. 왜냐하면 그는 그곳을 보호해 온 권력을 응당 알아야 하기 때문이다. 법이 공표된 곳에서는 그 처벌에 관해 몰랐다는 것도 용서받지 못한다. 자발적으로 어떤 행동을 하는 사람은 누구라도 그것의 모든 알려진 결과를 받아들여야 하기 때문에 설령 그 처벌이 무엇인지를 몰랐다 해도 그는 처벌을 받는다.

범행 후에 이전보다 훨씬 엄한 처벌이 공표되더라도 범죄자는 이전 법률의 적용을 받는다. 그것은 법의 목적이 처벌보다 예방에 있기 때문이다. 마찬가지로 범행 후에 제정된 법은 그 범행을 범죄로 규정할 수 없다.

사람은 잘못된 추측 때문에 세 가지 방식으로 법을 위반하는 경향이 있다. 첫째, 여러 가지 잘못된 원칙으로 추측하는 경우다. 이것은 부정한 짓을 저지른 사람들이 국가의 법망을 피하고, 힘이 약한 사람들이 범죄자로 취급되는 것을 보면서 정의가 한낱 헛된 말에 지나지 않는다고 생각하는 경우다. 둘째, 나쁜 교사가 자연법을 그릇되게 해석해서 시민법을 지키지 않게 하거나 국민의 의무와 일치하지 않는 학설이나 전통을 법이라고 가르치는 경우다. 셋째, 참된 원칙을 갖고 있다 하더라도 그것을 그릇되게 추측하는 경우다. 이는 성급하게 결론을 내리고 실행하는 사람들이나 자신의 이해력을 과신하는 사람들에게서 나타난다.

그리고 인간은 자신의 정념 때문에 범죄를 저지르기도 한다. 무엇보다도 가장 자주 범죄를 일으키는 정념은 자만심이나 자기 자신의 가치에 대한 터무니없는 과대평가다. 그리고 막대한 부를 가지고 있거나 힘 있는 친척이나 친구를 가진 사람들, 자신의 지혜를 교활하게 사용하는 사람들도 국가의 질서를 어지럽힌다. 또한 증오심이나 탐욕, 야심도 범죄의 원인이다. 이런 정념은 이성을 비범하게 사용하거나 끊임없이 가혹한 처벌을 가하지 않고서는 막을 수 없을 정도로 인간이나 다른 여러 생명체의 본성에 깊이 뿌리내려 있는 약점이다. 그 밖에는 더 언급할 가치가 없을 정도다.

위험이 아직 닥쳐오지 않거나 구체적이지 않아도 두려움은 때때로 범죄를 일으킨다. 모든 정념 중에서 인간으로 하여금 법을 가장 잘 지키게 하는 것은 두려움이지만 많은 경우에 그 두려움이 범죄를 일으킬 수도 있다. 그렇다고 모든 공포가 정당화되는 것은 아니고 신체를 해치는 행위에 대한 공포만이 정당화될 수 있다. 타인의 공격을 받았을 때 그 사람을 해치는 것 외에 다른 방법을 찾을 수 없다면, 그 사람을 해쳐서 죽음에 이르게 하는 것은 범죄가 아니다. 그러나 주권자에게 보호해 달라고 요청할 시간적 여유와 수단을 갖고 있음에도 다른 사람의 행동이나 위협 때문에 살인을 저질렀다면 그것은 범죄다.

이처럼 범죄는 여러 가지 이유로 생기기 때문에 모든 범죄가 똑같이 처벌받는 것은 아니다. 범죄로 여겨지던 것이 사면되거나 아예 범죄로 여겨지지 않을 수도 있기 때문이다. 법을 인식할 방법이 없는 경우에도 완전히 죄를 면할 수 있다. 따라서 어린이와 미치광이들은 자연법을 위반하더라도 면죄된다. 또한 사람은 적에게 복종해야 하고 그렇지 않으면 죽어야 하기 때문에 포로로 잡히거나 적의 지배를 받는 곳에서는 법에 대한 의무가 사라진다. 그리고 인간이 눈앞의 죽음에 직면해서 법을 어기도록 강요받았다면, 그는 완전히 면죄된다. 법을 어기지 않고서는 그 어떤 방법으로도 자신의 생명을 보존할 수 없을 때 역시 그 사람은 완전히 면죄된다.

또한 다른 사람의 권위 때문에 법을 위반한 경우에 그 당사자는 면죄된다. 마찬가지로 주권을 가진 사람이나 집단이 이전의 법을 거스르는 일을 명령할 경우에도 죄는 완전히 사라진다. 그러나 국민이 법을 집행하는 공적인 대리인에게 복종하지 않고 저항한다면, 그것은 범죄다.

동일한 범죄라 해도 힘이나 부, 친구를 믿고 법을 집행하는 사람들에게 저항하려고 범죄를 저질렀다면, 그것은 훨씬 더 큰 범죄다. 이렇게 자신의 양심을 거스르며 힘이나 다른 수단을 믿고 범죄를 저지르는 사람은 동일한 범죄를 다시 저지를 가능성이 크다. 그러나 실수로 죄를 저지른 사람은 실수가 밝혀진 뒤에는 법을 지킨다. 그리고 다른 사람들이 계속 처벌받아 온 범죄를 저질렀다면, 그 죄는 훨씬 더 무겁다. 또 같은 범죄라 해도 오랜 시간 동안 미리 준비해 온 범죄는 갑작스러운 정념 때문에 저지른 범죄보다 무거운 처벌을 받는다. 그리고 모든 국민 앞에서 공개적으로 공표되고 해석된 법률을 어긴 죄는 다른 범죄보다 더 무겁다. 또 동일한 범죄라 해도 그것이 다수에게 피해를 입히는 경우에는 더 큰 범죄가 된다. 그리고 어떤 범죄가 현재만이 아닌 미래에도 피해를 입히는 경우는 단지 현재에만 피해를 입히는 경우보다 더 죄가 무겁다.

국가의 현재 상태에 적개심을 품는 것은 개인에게 적개심을 품는 것보다 더 큰 범죄다. 이런 범죄는 모든 사람에게 피해를 입히기 때문이다. 마찬가지로 판결을 무효로 만드는 범죄는 한 사람이나 소수의 사람에게 피해를 입히는 것보다 더 큰 범죄며, 돈을 받고 그릇된 판결을 내리거나 거짓 증언을 하는 것은 다른 방법으로 사람을 속이는 것보다 더 큰 범죄다. 공공재산을 횡령하는 것은 사유재산을 강탈하는 것보다 더 큰 범죄다.

개인에게 행해진 범죄 중에서 사람들이 입을 모아 피해가 크다고 이야기하는 것은 더 큰 범죄가 된다. 따라서 법을 위반하고 살인을 저지르는 것은 목숨을 살려둔 채 가하는 다른 어떤 상해보다도 무거운 범죄다. 그리고 같은 범죄라 해도 그것이 국가의 이름으로 기소될 경우 그것은 공공 범죄다.

처벌과 보상

처벌이란 법을 위반하는 행위를 했다고 판단되는 사람의 의지를, 법을 더욱 잘 따르도록 교정하기 위해 공권력으로 그 사람에게 해를 입히는 것이다. 처벌권은 주권자가 부여받은 것이 아니라 국가가 세워지면서 주권자만 갖게 된 권리다. 국민은 자연 상태에서의 권리를 포기했기 때문에 주권자는 국민의 안전을 위해 적절하다고 생각하는 바에 따라 처벌권을 행사한다.

사적인 복수나 사사로운 일로 해를 입히는 것은 처벌이 아니다. 그것은 공적인 권위로 이루어지는 것이 아니기 때문이다. 그리고 승진을 거부당한 것도 처벌은 아니다. 그로 인해 어떤 새로운 피해가 생기는 것은 아니기 때문이다. 또한 공개적으로 신문하지 않고 가하는 고통은 처벌이 아니다. 강제로 강탈한 권력이 가하는 고통도 처벌이 아니며 그것은 적대 행위라 불린다. 범법자를 법에 복종하도록 만들기 위해, 즉 그의 미래의 이익을 고려하지 않고 가하는 고통도 처벌이 아니다. 다른 사람을 공격하다가 부상을 당하거나 불법적인 일을 하다가 병에 걸리는 것 등의 자연적인 결과는 처벌이 아니다. 처벌에 따른 손해가 범죄를 저질렀을 때의 이득보다 적다면 그것은 처벌이 아니고, 법에 규정된 처벌보다 더 많은 손해를 입히는 것 또한 처벌이 아닌 적대 행위다. 법을 제정하기 전에 저지른 범죄를 처벌하는 것은 처벌이 아니다.

국가의 대표자는 처벌을 받을 수 없다. 반란을 일으킨 국민에게 해를 입히는 것은 처벌이 아니라 전쟁의 권리에 따르는 것이다. 그런 국민은 적으로 규정되기 때문이다.

그리고 처벌에는 신의 처벌과 인간적 처벌이 있다. 신의 처벌에 대해서는 뒤에서 다시 말할 것이다. 인간적 처벌은 인간의 명령에 의해 주어진 처벌인데 매질처럼 신체를 처벌하는 것과 사형, 금전적인 처벌, 불명예를 주는 방식이 있다. 또 감옥에 감금하거나 추방을 할 수도 있다.

어떠한 상황에서도 무고한 국민을 처벌하는 것은 자연법을 거스르는 것이다. 그러나 전쟁을 하는 동안 무고한 사람이 당하는 피해는 자연법을 거스르는 것이 아니다. 그런 피해가 국가의 이익을 위한 것이고 이전의 계약을 위반한 것이 아니라면 말이다. 그리고 공인된 반역자들에게 해를 입히는 것은 자연법을 거스르는 것이 아니다.

7. 국가를 약화시키는 잘못된 이론과 내란

병에 걸린 사람이 몸이 약해지거나 심할 경우 목숨까지 잃게 되듯 국가 역시 흥망성쇠의 과정을 밟는다. 제7장에서 홉스는 국가의 힘이 약화되고 붕괴되는 원인을 추적한다. 먼저 홉스는 국가가 멸망하는 경우 그 책임이 국민에게 있다기보다 국가를 관리하는 주권자에게 있다는 점을 분명하게 밝히고 논의를 시작한다. 주권자에게는 자신의 권한을 잘 활용해서 내부의 혼란을 미리 방지해야 할 책임이 있다는 것이다.

그렇다면 이렇게 국가를 혼란에 빠뜨리는 원인은 무엇일까? 홉스는 성직자나 학자들이 주권자의 권위를 훼손시키는 잘못된 이론을 퍼뜨리는 점에 주목한다. 교황 권력을 국가 권력보다 우위에 두려는 신학자들의 이론은 뒤에 나올 제3부에서 아주 구체적으로 다뤄지기 때문에 제7장에서는 주로 기존의 정치 이론들을 검토하면서 비판한다.

홉스는 주권자도 법에 복종해야 한다거나 주권자가 국민 개인의 사적 소유권을 침범할 수 없다는 주장, 국가 권력을 나눠서 견제와 균형의 원리를 추구해야 한다는 주장 등의 정치 이론을 국가를 약화시키는 그릇된 이론으로 보고 비판한다. 홉스는 리바이어던을 오직 하나의 통일된 인격체로 보았으므로 서로 다른 의견을 허용하거나 권력을 분립시키거나 할 경우 신체의 질병처럼 내부의 혼란을 피할 수 없다고 생각했다. 이런 근거 위에서 홉스는 개인의 배타적인 소유권까지도 부정하면서 주권자가 국가의 이익을 위해 필요하다고 여길 경우 개인의 소유권을 침해하는 것은 정당하다고 주장한다.

또한 홉스는 주권자가 적극적으로 자신의 권력을 행사하기 위해 자신의 논리를 국민에게 가르쳐야 한다고 강조한다. 주권자는 국민에게 복종과 화합을 요구하고 자신의 권위에 도전하는 세력을 통제하며 국민이 진심으로 자신을 따르도록 교육시켜야 한다는 것이다. 즉 홉스는 국가의 물리적인 폭력뿐만 아니라 교육을 통해 사상적 동의를 이끌어 내는 것도 주권자의 권리라는 점을 강조한다. 하지만 홉스는 국민에게 주권자의 법률과 명령에 따를 의무만 강조한 것이 아니라 주권자에게도 공정히 재판을 하고 세금을 매기며 가난한 사람들에게 물질적인 혜택을 줌으로써 그들을 잘 돌봐야 할 의무가 있다는 점을 분명하게 밝힌다.

국가를 약하게 만들거나 해체시키는 원인

죽음을 피할 수 없는 인간이 만드는 것은 그 무엇이든 불멸의 존재가 될 수 없다. 하지만 그렇다 하더라도 만약 인간이 이성을 사용한다면, 적어도 국가가 내부의 질병으로 쓰러지는 것은 막을 수 있을지도 모른다. 국가 제도가 만들어진 이유를 고려해 볼 때, 국가는 자신에게 생명을 준 자연의 여러 가지 법이나 정의가 존재하는 한 지속된다. 따라서 국가가 외부의 폭력보다 내부의 혼란으로 무너진다면, 그 잘못은 국가를 구성하는 국민이 아니라 국가를 만들고 명령하는 사람에게 있다.

국가를 약화시키는 원인 가운데 첫 번째 것으로 완전하지 않은 국가를 만드는 것, 자연적인 신체의 질병과도 같은 것을 지적하려고 한다. 그 가운데 하나가 왕국을 획득한 사람이 국가의 평화와 방위를 위해 꼭 필요한 권력보다 작은 권력에 만족하는 것이다. 이것은 마치 허약한 부모가 낳은 아이가 일찍 죽는 경우와 같다.

국가를 약화시키는 두 번째 원인은 사람들을 선동하는 이론이다. 이런 이론 가운데 하나는 모든 개인이 선행과 악행의 판단자라는 것이다. 이런 이론을 따르면 국가의 명령에 이의를 제기하게 되고 그 명령을 따르지 않게 된다. 시민 사회에 대항하는 또 하나의 이론은 자신의 양심을 거스르는 행위는 무엇이든 죄악이라는 이론이다. 인간의 양심과 판단은 동일한 것이므로 양심과 마찬가지로 판단 역시 그릇될 수 있다. 그러므로 사견에 불과한 개인적 양심을 다양하게 인정하면, 이미 지시대로 하게 되어 있는 자신의 공적 양심인 법을 거스르게 되어 국가는 혼란에 빠진다.

세 번째, 마찬가지로 성직자들은 신앙과 신성은 연구와 추리를 통해서가 아니라 초자연적인 영감이나 몰입을 통해 얻어진다는 이론을 가르치고 있다. 그러나 초자연적 영감을 받은 듯 행세하는 성직자들의 경우, 이성적이지 않은 방식으로 성경의 말을 혼합하여 사람들을 홀린다.

네 번째 그릇된 이론은 주권자도 시민법에 복종해야 한다는 견해다. 주권자 역시 자연법의 지배를 받지만 자신이 만든 법, 즉 국가가 제정한 법에 복종해야 하는 것은 아니다. 법을 주권자보다 우위에 두는 것은 주권자를 처벌하는 또 다른 권력, 즉 새로운 주권자를 또 하나 만드는 것이고 마찬가지로 제2의 주권자를 벌하기 위해 제3의 새로운 주권자를 만드는 과정을 반복하게 되어 국가의 혼란과 해체를 불러온다.

국가를 약화시키는 다섯 번째 이론은 모든 개인이 자신의 재산에 관해 주권자의 간섭을 받지 않는 절대적 소유권을 갖는다는 견해다. 물론 모든 사람은 다른 사람에게 간섭받지 않는 소유권을 갖는다. 그런데 그 사람은 주권자로부터 그 권리를 받은 것이고, 만일 주권자의 보호가 없다면 모든 사람이 동일한 재산에 대해 똑같은 권리를 갖는 자연 상태가 나타나게 된다. 따라서 주권자의 보호 없이 소유권은 유지될 수 없다.

국가를 그릇되게 만드는 명백하고 직접적인 이론은 주권자의 권력이 나눠질 수 있다는 견해다. (그러나) 국가 권력을 나누는 것은 국가를 해체시킬 뿐이고 분할된 권력은 서로를 파괴한다. 그리고 다른 국가나 과거의 통치 체제를 모방하는 것도 국가를 혼란에 빠뜨린다. 이런 모방은 더 부유한 것에 대한 충동이 이끌어 낸 인간의 호기심에서 나온 것이지만 사람은 이에 결코 만족할 수 없을 것이다. 이것은 마치 가려움증에 걸린 성미 급한 사람들이 손톱으로 가려운 곳을 긁어 더욱더 통증을 견딜 수 없게 만드는 것과 같다. 또한 교회법과 시민법을 구분하는 것도 국가를 혼란에 빠뜨린다. 실제 세계에서는 세속적인 것과 영적인 것이 구분되지 않는데도 그 둘을 구분한다면, 두 개의 왕국이 만들어져 모든 국민이 두 사람의 지배자에게 복종해야 하기 때문이다. 영적인 권력 역시 무엇이 죄악인가를 선언하는 권리를 갖기 때문에 모든 국민은 자신들의 명령을 법으로 강요하는 두 사람의 지배자에게 복종해야 하는데, 이는 불가능하다. 만일 두 개의 권력이 서로 대립한다면 국가는 내란과 해체라는 커다란 위험에 처하지 않을 수 없다. 영적인 권력이 괴상하고 어려운 말로 국민의 이해력을 짓누르게 되면, 그것은 국민을 혼란스럽게 만들어 국가를 압도하거나 국가를 내란의 불길 속에 빠지게 한다.

화폐 징수의 권한이나 지휘와 명령의 권한, 법률 제정 권한을 각기 나누는 혼합 체제도 국가를 위태롭게 한다. 그것은 하나의 독립된 국가가 아니라 세 개의 독립 당파와 세 개의 대표 인격을 만들기 때문이다. 만일 왕이 국민의 인격을 지니고 국회가 국민의 인격을 지니며 또 다른 회의체가 국민의 인격 중 일부를 지닌다면, 그들은 하나의 인격이나 주권자일 수 없다. 이런 기형적인 국가는 인간의 자연적인 질병 중 어떤 것에 비유될 수 있는지 모르겠다. 한쪽의 옆구리에서 그 나름의 머리와 팔, 가슴, 위를 가진 인간이 자라고, 다른 쪽 옆구리에서도 또 다른 인간이 자랄 수 있다면 그 비유는 타당할지도 모른다.

지금까지 현재 존재하는 국가가 지닌 가장 큰 질병들을 이야기했다. 이제는 그렇게 심각하지는 않지만 살펴봐야 할 다른 질병들을 다루려고 한다. 첫째, 국가가 이용하려는 자금 조달의 어려움, 특히 전쟁이 닥쳐왔을 때 돈을 조달하는 어려움이 있다. 이러한 어려움은 모든 국민이 자신의 토지와 재산을 다른 사람에게 절대 침범당할 수 없다는 생각에서 비롯된다. 그러나 주권자는 국가의 필요성과 위험을 예측하면서 미리 그런 어려움을 방지하고 가능한 그것을 조절해야 하며, 때로는 국민과 법적으로 싸울 수 없을 경우를 대비해 돈을 마련할 최후의 수단을 미리 찾아 두어야 한다.

그리고 국가의 재산이 유출되어 한 사람이나 소수의 개인이 그것을 축적하는 경우도 문제가 있다. 또한 세력을 가진 인물의 명성 역시 위험하기 때문에 국가는 그의 충성심을 예의 주시해야 하며, 이런 현상은 보통 군주정보다 민주정에서 더 위험하다. 원로원에 대항하기 위해 국민이 추대한 카이사르가 군대의 호감을 얻어 원로원과 국민 모두를 지배한 사실은 이 점을 잘 보여 준다. 국가에 위협이 되는 또 다른 약점은 국가 내에 있는 보다 작은 국가들, 즉 대규모 군대를 갖추고 비용을 조달할 수 있는 다수의 도시나 조합들이다. 그리고 정치적인 신중함을 주장하며 절대 권력을 반대하는 사람들은 의사들이 회충이라 부르는 기생충처럼 국가를 괴롭히는 자들이다.

마지막으로 전쟁에서 적이 최후의 승리를 거두어 충성을 바치는 국민들을 국가가 더 이상 보호할 수 없을 경우에 국가는 해체되며 모든 사람은 자신의 분별력에 따라 스스로를 보호할 자유를 갖는다. 죽은 뒤에는 육신이 영혼의 지배를 받지 않듯 국가가 무너진 경우에, 즉 국가에 생명과 운동성을 주는 공적인 영혼인 주권자가 사라진 경우에, 국민은 주권자의 지배를 받지 않는다. 집단의 권력이 무너지면 그 집단의 권리가 다시 등장할 가능성은 거의 없다.

주권을 대표하는 사람의 임무

한 사람이건 집단이건 주권을 대표하는 사람의 임무는 주권을 위임받은 목적인 국민의 안전을 확보하는 일에 있다. 여기서의 안전이란 단순히 목숨을 지키는 것만이 아니라 모든 사람이 국가에 해를 가하지 않고 합법적으로 일하면서, 가질 수 있는 모든 생활상의 만족을 누리게 되는 것을 뜻한다. 주권자는 훌륭한 법을 제정하고 집행하면서 하느님의 섭리를 실현한다.

주권의 본질적인 권리를 포기하는 것은 주권자의 임무를 지키지 않는 일이다. 그것이 포기된다면 모든 사람이 다른 자들과 투쟁하는 재앙 상태로 복귀하게 될 것이기 때문이다. 따라서 주권자가 자신에게 위임된 권리를 다른 사람에게 양도하거나 그중 어떤 것을 방치하는 일은 그 자신의 임무를 어기는 행동이다. 임무의 방치는 주권자가 시민법의 지배를 받지 않고 절대적인 재판권을 행사하며 전쟁을 일으키거나 평화를 유지할 권리, 국가의 필요에 따라 돈과 병사를 모을 권리, 관리와 교사를 임명할 권리를 버리는 것이다.

주권자가 주권의 본질적인 권리를 국민에게 가르치지 않는 것도 그 자신의 임무를 지키지 않는 것이다. 국민이 잘못된 지식을 배우도록 방치할 경우, 국가가 인민의 힘을 필요로 할 때 정작 사람들은 주권자에게 대항하려는 유혹과 선동에 쉽게 빠지게 된다. 그런 것들은 시민법이나 법적인 처벌의 위협으로만 유지될 수 없기 때문에 주권자는 주권의 본질적인 권리들을 열심히, 그리고 진실하게 가르쳐야 한다.

정의란 실체가 없는 말뿐이고 인간이 힘이나 기술로 획득할 수 있는 것은 무엇이든 그 자신의 것이라 주장하는 자들과 마찬가지로, 주권의 절대성을 증명하는 근거나 이성적인 원칙들이 존재하지 않는다고 주장하는 자들이 있다. 그러나 이런 주장은 튼튼한 집을 보지 못한 아메리카의 야만인들이, 오래가는 집을 만드는 이성적인 원칙들이 존재한다는 점을 부인하는 것과 마찬가지로 그릇된 것이다. 인간이 불완전하며 쉽게 혼란에 빠지는 국가를 세우기 시작한 이래로 국가의 구조를 영구적으로 만들 수 있는 이성적인 원칙들은 존재해 왔다. 내가 지금까지 논의한 것이 바로 그런 것들이다.

어떤 사람들은 설사 그런 이성적인 원칙들이 존재한다 할지라도 일반 민중이 그것을 이해할 만한 능력을 갖고 있지 않다고 주장한다. 그러나 일반 민중의 정신은 권력자들에게 의존하는 마음으로 오염되거나 학자들의 의견으로 더럽혀지지 않는 한, 공적인 권위가 무엇이든 (전부) 새길 수 있는 깨끗한 종이와 같다. 그러므로 주권자의 본질적인 권리를 국민에게 가르치는 것은 주권자나 주권자가 행정을 위임한 사람들이 실수하지만 않는다면 그리 어렵지 않다. 종합하자면 주권자의 본질적인 권리들을 국민에게 가르치는 것은 주권자의 의무일 뿐 아니라 그의 이익이며 반역이 가져올 위험을 막는 방법이다. (그렇다면 주권자는 국민에게 무엇을 가르쳐야 할까?)

첫째, 주권자는 국민에게 인접한 다른 나라의 통치 형태를 자신들의 통치 형태보다 더 좋아하면 안 되고 다른 국가의 국민이 누리고 있는 물질적인 번영을 부러워하며 변화를 일으키려 해서도 안 된다는 점을 가르쳐야 한다. 귀족정이건 민주정이건 국민이 누리는 물질적인 번영은 정치 형태에서 나오는 것이 아니라 국민의 복종과 화합에서 나온다. 국민이 군주정에서 번영을 누리는 건 한 사람이 통치권을 가져서가 아니고 국민이 그에게 복종하기 때문이다. 어떤 나라든 복종과 화합이 없다면 국민은 번영을 누리지 못할 뿐 아니라 국가는 빠른 시일 안에 무너질 것이다.

둘째, 주권자는 국민에게 주권자를 배신하고 명망 있는 사람을 따라서는 안 된다고 교육시켜야 한다. 즉 주권자는 동료 국민이 아무리 뛰어나고 덕이 높다 하더라도 응당 주권자에게 바쳐야 할 복종이나 명예를 그에게 바치면 안 된다는 점을 가르쳐야 한다. 국민들은 가끔 비밀리에 또는 공개적으로 충성심을 버리고 명망가들과 손잡는 것을 선언하는데, 이는 십계명 가운데 제2계명(우상을 섬기지 말라)의 위반에 비유될 수 있다.

셋째, 국민이 주권자나 그 대리인에 대해 악평을 하거나 또는 그 권력을 따지고 논박하고 경멸함으로써 자신들의 복종심을 약화시키는 행위가 얼마나 큰 잘못인가를 가르쳐야 한다.

넷째, 주권자는 국민으로 하여금 자신들의 의무를 배울 수 있는 날을 따로 마련하게 해 교육을 받게끔 해야 한다. 교육받을 수 있는 일정한 시간을 별도로 마련해 놓지 않으면, 가르친다 해도 국민은 그것을 기억하지 못하게 되거나 한 세대가 지나면 주권자의 권력이 누구에게 있는지를 잊게 된다. 그러므로 일정한 시간을 정해 함께 모여 신에게 기도와 찬양을 드린 뒤 자신들의 의무를 교육받고 실정법을 법으로 만든 권위를 마음에 새겨야 한다. 이 점은 유대인들이 일곱째 날(일요일)을 안식일로 정하고 율법을 낭독, 설명한 것과 비슷하다.

다섯째, 국민에게 자신의 부모를 공경하도록 가르쳐야 한다. 부모의 배려를 받으며 살아가는 자녀들이 부모에게 복종하고 교육받을 뿐 아니라 밖으로는 존경을 표하며 그 은혜에 감사해하도록 만들 필요가 있다.

여섯째, 다른 사람의 것을 빼앗거나 그들에게 피해를 주지 않도록 가르쳐야 한다. 즉 모든 주권자는 자신의 권위로 누군가의 소유로 인정된 것을 다른 사람이 힘이나 사기로 빼앗지 않도록 가르쳐야 한다. 특히 이런 소유권 중 가장 중요한 것은 자신의 생명과 신체에 관한 권리고 다음은 부부애, 그 다음은 물질적인 부와 생활 수단이다.

마지막으로 주권자는 국민이 이러한 사항을 진심으로 따르도록 가르쳐야 한다. 정의에 어긋나는 범죄는 물론 범죄 행위를 하려는 기도나 의도도 모두 올바르지 않다는 것을 가르쳐야 한다. 이것은 네 이웃을 네 몸같이 사랑하라는 십계명의 골자와도 같다.

국민이 이런 교육을 받을 수 있는 통로와 수단을 찾으려면, 근거가 부족하고 그릇된 학설들이 어떤 경로를 통해 그렇게 깊이 뿌리내렸는가를 연구해야 한다. 앞서 이야기했던 바와 같이 인간이 자신의 양심이나 판단에 따라 합법적인 것과 불법적인 것을 구별할 수 있고, 국가는 자신의 소유권을 간섭할 수 없으며, 폭군이라고 불리는 인물을 살해하는 것이 합법적이고, 주권자의 권력이 분할될 수 있다는 등의 학설들이 바로 그런 것들이다. 국민은 이런 학설들을 더 현명하고 박식해 보이는 이웃이나 친지들, 그리고 대학과 저명한 사람들이 발행한 책에서 접하게 된다.

국민의 교육이 대학의 젊은이들을 올바르게 가르치는 것에 의존하고 있다는 점은 분명하다. 그러나 영국의 대학은 그렇지 못했다. 헨리 8세의 치세 말까지 주로 대학들은 국가 권력을 반대하는 교황권력을 옹호했고, 많은 설교자와 법률가들이 만들어 낸 그릇된 이론을 따르며 올바른 진리를 가르치지 못했다.

국민의 안전은 주권을 가진 사람이나 집단이 모든 계층의 국민을 공평하게 재판할 것을 요한다. 즉 부유하고 힘 있는 사람들과 가난하고 천한 신분의 사람들에게 평등한 재판을 받게 해서 부유하고 힘 있는 사람들이 자신들은 죄를 면할 수 있다는 희망을 갖게 되지 않기를 요구한다. 힘 있는 사람들의 명예는 그들이 가난한 사람들에게 제공하는 자선과 원조로 평가된다. 그리고 힘 있는 자들이 가하는 폭력이나 억압 및 피해는 그들이 그런 짓을 할 필요가 없기 때문에 그 죄가 줄어들기는커녕 오히려 커진다. 이들을 면죄하는 것은 오만을 낳고 오만은 증오를 부르며, 증오는 설사 그것이 국가를 파괴하게 되더라도 억압적이고 오만한 힘 있는 세력 모두를 무너뜨리려는 시도(즉, 혁명)를 불러온다.

그리고 평등한 정의의 실현은 공평하게 세금을 부과하는 것과 관련이 있다. 공평한 세금은 부의 평등을 위해서가 아니라 모든 사람이 자신의 안전을 위해 국가에 지는 빚에 따라 부과된다. 주권자가 국민에게 매기는 세금은, 다양한 직업을 가진 개개인의 보호와 안전을 위해 공공의 칼을 든 사람에게 당연히 지불해야 하는 임금과 같다. 사람들이 소비하는 물건에 이런 세금을 부과한다면 모든 사람이 평등한 대가를 지불하게 될 것이다.

또 우발적인 사고로 노동력을 잃은 사람들이 다른 사람들의 자선에만 의존해서 살아가지 않도록 국가는 법률에 따라 최소한의 필수품을 제공해야 한다. 그러나 건강한 신체를 가진 사람들은 노동을 해야 하며 일을 하지 않을 이유가 없다. 가난하지만 건강한 신체를 가진 사람들이 계속 늘어날 경우에는 그들을 인구가 부족한 국가로 이주시켜야 하고, 그곳에서 그들은 원주민들과 협력하며 생활해야 한다. 전 세계의 인구가 과잉될 때 최후의 해결책이란 만인에게 승리 아니면 죽음을 가져올 전쟁뿐이다.

또한 주권자는 좋은 법을 제정하는 데 관심을 가져야 한다. 내가 말하는 좋은 법은 정당한 법을 뜻하지 않는다. 어떠한 법도 부당할 수 없기 때문이며 주권자가 제정한 법은 모두 정당하고 모든 국민이 받아들이기 때문이다. 따라서 좋은 법이란 국민의 이익을 위해 필요하면서도 명쾌한 법을 뜻한다.

법은 국민이 마음대로 행동하지 못하도록 규제하기 위해서가 아니라 국민이 충동적인 욕구나 성급함으로 그 자신을 해치지 않게 하기 위해서 국민을 지도하고 관리하는 것이다. 이것은 마치 울타리가 길을 걷는 사람의 길을 막기 위해서가 아닌 일정하게 길을 따라가도록 하기 위해 세워지는 이치와 같다. 따라서 국민에게 필요하지 않은 법이라도 주권자에게 이로운 법은 좋은 법이라고 할 수 있다. 주권자의 이익과 국민의 이익은 분리될 수 없기 때문이다. 약한 국민을 거느리는 주권자는 허약하고, 자신의 의지에 따라 국민을 다스릴 권력을 지니지 못한 주권자를 가진 국민도 허약하다.

법의 명쾌함은 법조문에 있지 않고 법이 제정된 원인과 동기를 명확히 밝히는 것에 있다. 즉 법의 명쾌함은 입법자의 의도를 우리에게 밝히는 것이다. 법이 제정된 이유를 분명하게 밝히고 법조문을 가능한 한 정확한 뜻을 가진 용어로 짧게 표현하는 것은 입법자의 임무에 속한다.

올바르게 처벌하고 보상하는 것도 주권자의 직무에 속한다. 처벌의 목적은 복수심과 분노의 발산에 있는 것이 아니라 범법자의 교정과 그를 통한 다른 사람의 계도에 있는 것이다. 그러므로 먼저 공공에게 해를 입히는 범죄를 가장 가혹하게 처벌해야 한다. 즉 현 정부에게 악의를 품고 저지른 범죄, 정의를 경멸하는 범죄, 대중의 불만을 자극하는 범죄, 권력을 가진 사람의 자식이나 부하가 저지른 범죄를 처벌하지 않아 마치 그런 범죄가 승인되는 것처럼 보이게 하는 범죄 등이 그런 범죄에 속한다. 그러나 엄청난 공포심이나 가난, 그 일이 큰 범죄임을 모르는 무지가 낳은 범죄에 대해서는 관용을 베풀 여지가 있다.

마찬가지로 국민이 국가에 이익을 가져다 줄 때 그에 따른 보상을 해 주는 것은 주권자의 임무이자 의무다. 그런데 대중적 인기를 가진 야심 많은 사람이 침묵하도록, 그리고 대중의 마음에 나쁜 인상을 주지 않기 위해서 그를 돈으로 매수하거나 승진시키는 것은 보상의 성격과 관련이 없고, 감사의 표시가 아닌 공포의 표시다. 이것은 국가의 이익에 기여하는 것이 아니라 국가에 해를 입히는 원인이 된다. 따라서 국가의 평화를 어지럽히면서 힘을 키우는 사람들과 미리 맞서 보지 않고 보상을 하는 것은 주권자의 임무를 어기는 짓이다.

주권자의 또 다른 임무는 훌륭한 조언자를 선택하는 것이다. 말하자면 조언자는 주권자가 나라를 통치하는 데 있어 충고해 주는 사람을 뜻한다. 같은 구성원들이 서로 조언하고 조언받기 때문에 민주정이나 귀족정에서는 조언자를 택하지 않는다. 따라서 조언자를 선택하는 것은 군주정에만 있는 주권자의 임무다. 가장 유능한 조언자는 사악한 조언으로 이익을 볼 마음을 가장 적게 가진 사람이자 국가에 평화와 이익을 줄 수 있는 가장 많은 지식을 가진 사람이다. 그러나 이런 것을 알아내는 것은 어려운 문제다. 가장 훌륭한 조언은 주민들의 일반적인 평판이나 불만으로부터 얻어질 수 있다.

만일 군대의 최고 사령관의 인기가 낮다면, 장병들에게 사랑을 받거나 공포의 대상이 되지 못할 것이기에 자신의 임무를 성공적으로 수행할 수 없을 것이다. 따라서 최고 사령관은 자신의 부대원들에게 충분한 인기와 사랑을 받을 수 있도록 부지런하고 용맹하며 관대해야 한다. 그리고 필요할 때는 반항하거나 게으른 병사들을 처벌함으로써 장군의 엄격함을 유지해야 한다. 때문에 주권자로부터 부대를 위임받은 사람들이 훌륭한 지휘관이어야 하고 충성스러운 국민이어야 한다는 점은 국민의 안전을 위해 반드시 필요하다.

모든 주권자는 자기 국민의 안전을 지키기 위해 모든 개인이 자기 신체의 안전을 지키려 할 때 갖는 것과 똑같은 권리를 갖는다. 이러한 정부가 존재하지 않을 경우 사람들에게 해야 할 일과 피해야 할 일을 지시하는 법은 자연법이다. 자연법은 왕 중의 왕인 신이 모든 인류에게 부여하는 법률이다.

자연적인 신의 왕국

신의 법이 무엇인지를 알지 못하는 사람들은 자신이 시민 권력의 명령을 받을 때 그 명령이 신의 위엄을 침범할지도 모른다는 두려움에 국가의 명령을 어기게 된다. 따라서 신의 법이 무엇인지를 알아야 한다.

인간은 언제나 신의 권력에 복종해야 한다. 그런데 신의 가르침을 전혀 이해하지 못하는 무생물이나 비이성적인 동물이 신의 국민이 될 수 없듯, 신의 말을 받아들이지 않고 그 보상만 기대하거나 (그에 대해) 공포심을 갖지 않는 사람들은 신의 국민이 될 수 없다. 따라서 세계를 통치하고 인류를 가르치며 보상과 처벌을 내린다는 신의 존재를 믿는 사람들은 신의 국민이고 나머지는 적으로 이해되어야 한다.

신이 말씀으로 다스린다는 것은 그런 말이 분명하게 알려질 것을 요구하는 것이다. 그렇지 않고서 그런 말들은 법이 되지 못한다. 신은 세 가지 방식으로, 즉 이성적인 추리와 초자연적인 감각, 신앙으로 그 말씀을 알린다. 그런데 계시나 신내림 같은 초자연적인 감각은 소수의 사람들에게 각기 다른 일을 이야기하는 것이므로 보편적인 법칙이 되기 어렵다. 따라서 나머지 두 가지 종류의 말씀, 즉 이성적인 추리와 신앙에서 자연적 왕국이자 예언적 왕국이라는 이중 성격이 드러난다. 자연적 왕국에서 신은 이성적인 추리의 명령으로 자신의 교리를 받아들이는 다수의 인류를 다스린다. 그리고 예언적 왕국에서 신은 특정한 민족, 예를 들어 유대 민족을 자신의 국민으로 택하고, 추리뿐 아니라 예언자들의 입을 통해 내린 실정법(예를 들면, 모세의 십계명)으로 국민을 다스린다. 나는 이 장에서 자연적인 신의 왕국을 다루려고 한다.

신의 주권은 신의 전지전능함에서 생긴다. 즉 신이 인간을 다스리고 자신의 법을 위반하는 사람을 처벌할 자연적 권리는, 인간을 창조한 것에 대한 감사의 의미로 인간에게 복종을 요구한 것에서가 아니라 그의 저항할 수 없는 권력에서 생긴다. 따라서 신은 인간이 죄를 짓지 않았어도 그에게 고통을 가할 수 있다. 그러니 인간은 신에게 당연히 존경을 바쳐야 한다. 신을 존경한다는 것은 신의 힘과 선함을 높이 평가하는 것이다. 이를 인간의 말과 행위로 드러내는 것을 숭배라고 부른다. 그리고 이런 내면적인 평가를 마음으로 품을 때 사랑과 희망, 공포라는 세 가지 정념이 생긴다.

그리고 숭배에는 선함과 정의, 관대함을 드러내는 자연적인 숭배와 인간의 제도나 관습에 따른 경의나 기도, 감사와 같은 자의적인 숭배도 있다. 이 자의적 숭배에는 서로 다른 두 가지 것이 있다. 명령된 숭배는 숭배를 받는 사람의 요구가 반영된 것이며 자유로운 숭배는 숭배하는 사람이 적절하다고 생각하는 정도의 숭배다. 숭배가 명령될 때에는 복종이 숭배를 뜻하며, 자유로울 때의 자의적 숭배는 그것을 받는 사람의 평가에 달려 있다. 또 숭배는 국가의 인격으로서 수행하는 공적인 숭배와 개인이 행하는 사적인 숭배로 구분된다. 인간이 서로 숭배하는 목적은 권력이지만 신은 목적을 가지고 있지 않다. 그래도 신을 숭배하는 것은 우리의 의무이자 능력에 따른 행위다.

인간의 자연 이성은 신의 모습을 그려 내거나 신성이 존재하는 자리를 파악할 수 없기 때문에, 신의 속성은 무한이나 영원, 이해할 수 없음과 같은 단어나 가장 고귀한, 가장 위대한 같은 최상급의 단어로만 드러나야 한다. 신이 어떤 존재인가를 선언하는 것은 인간 상상력의 한계 안에 신을 제한하는 것이기 때문에, 우리는 우리가 얼마나 신을 존경하고 그에게 복종하려 하는지를 선언하는 의미에서 신의 속성을 말해야 한다. 그것은 겸손과 신에 대한 존경의 의지를 뜻한다.

따라서 신을 존경하는 의사 표현은 기도와 감사, 봉헌, 신 이외의 다른 누구에게도 맹세하지 않음, 신의 이름을 신중하게 부르는 것, 기도하거나 봉헌을 바칠 때 존경의 의미를 깊이 담는 것, 신을 공개적으로 다른 사람들의 눈에 띄게 숭배하는 것, 신의 법인 자연법에 대한 숭배로 드러난다.

국가도 하나의 인격으로 인정되므로 마땅히 신을 숭배해야 한다. 국가가 각 개인에게 숭배하도록 명령할 때, 그것은 국가가 공식적으로 숭배를 표현하는 것이다. 이것이 바로 공식적인 숭배고 그것의 특징은 모두가 똑같은 방식으로 숭배를 표현하는 데 있다.

(신의) 말씀, 즉 결과적으로 신의 속성은 인간의 합의와 국가의 수립에 의해 의미를 지닌다. 그 때문에 신의 속성인 존경이라는 말도 인간이 의도한 그대로 존경의 의미를 지니며, 개별적 인간의 의지로 행해질 수 있는 것은 무엇이나 국가의 의지, 즉 시민법에 의해 이루어질 수 있다. 그리고 국가는 주권을 가진 사람이나 집단의 의지 외

에 다른 의지를 갖지 않으며 주권자나 주권을 가진 집단이 제정하는 법 이외에 다른 법은 있을 수 없기 때문에, 국민은 주권자가 신을 존경하는 방식을 따라야 한다.

　지금까지 주권자의 성립과 본질, 권리에 대해서 그리고 이성적 추리에 의한 국민의 의무에 대해서 논의해 왔다. 오직 자연, 즉 신이 내린 정의에 관한 학문만이 주권자와 그 관료들에게 필요한 유일한 학문이다. 나는 언젠가 이 책이 완전한 주권의 행사를 통해 국민을 보호하고 교육하려는 주권자의 손에 들어가 쓸모 있게 이용되기를 희망한다.

제 3 부
기독교 국가와
어둠의 왕국에 관하여

Leviathan

제3부 기독교 국가와 어둠의 왕국에 관하여

Leviathan

　제3부에서 홉스의 논리는 앞에서도 지적했듯 신학자들이 성경을 잘못 해석하고 그릇된 이론을 퍼뜨림으로써 자신들의 권력을 강화시키려 한다는 사실을 입증하는 데 초점을 두고 있다. 교회의 권력 강화가 결국 주권자의 권위를 약화시켜 국가를 혼란에 빠뜨리고 해체시킨다는 것이 홉스의 주장이다.

　무엇보다 그는 신학자들의 잘못된 논리를 비판하기 위해 냉철하고 이성적인 추리를 활용해서 명쾌한 성경 해석을 보여 주며, 특히 성경의 각 편과 구절을 인용하여 세밀한 분석을 시도하고 있다. 그러나 성경으로부터 직접 인용되어 있는 부분은 분량 문제로 가급적 생략하고 여기서는 홉스가 말하고자 한 주요 논리적 근거들만을 정리했다.

8. 예언이나 기적에 대한 비판과 신과의 서약

　제8장에서 홉스는 신학자들의 이론적 근거인 예언이나 기적이라는 개념을 비판하면서 신의 말씀을 들었다는 사람은 그 말의 진실성을 어떻게 증명할 수 있는가라고 묻는다. 즉 그런 예언이 그 사람의 착각이나 개인적인 이득을 위한 거짓말이 아니라는 점을 어떻게 증명할 것인가? 홉스는 그것이 진실이려면 일단 그런 주장이 기독교인들의 생활 규칙인 성경에 비추어 해석될 수 있어야 한다고 주장한다.

　홉스는 성경에 나오는 신의 말씀들이 진실인가라는 물음보다 누가 현실에서 성경을 법으로 만들고 해석하는 권위를 갖는가라는 질문을 던짐으로써 자신의 논리를 편다. 그는 성경에 나오는 신의 말씀이 올바로 해석되고 영향력이 발휘되려면 누가 신의 대리인으로서 국민을 통치할 권위를 갖고 있는가를, 그리고 누가 공적인 이성을 소유하고 있는가를 살펴야 한다고 주장한다. 그런데 현실 세계에서 주권자보다 더 막강한 권력을 가진 사람은 존재하지 않으므로 지상에서 인간이 신의 말씀을 따르며 자신의 죄를 씻고 구원을 준비할 곳은 바로 리바이어던일 수밖에 없다.

　그러므로 예수님이 다시 세상에 올 때 구원을 받아 그의 백성이 되겠다고 서약을 맺었던 사람들도 지상의 주권자에게 복종하며 살아야 한다. 예수님이 재림해 하느님의 왕국이 실현되기 전까지는 교회가 지상에서 독자적인 권위를 가질 수 없는 것이다.

기독교 정치의 원리

지금까지 주권자의 권리와 국민의 의무를 자연의 원리에 비추어 다루었다면, 이제부터는 기독교 국가의 성격과 권리를 논하고자 한다. 이를 설명하기 위해 초자연적인 계시를 통해 드러나는 신의 의지, 신의 지당한 자연적인 말씀, 예언적인 말씀, 이 세 가지에 의존할 것이다. 그러나 이런 부분에 의존하는 것이 우리의 타고난 자연 이성이나 감각, 경험을 포기하는 것은 아니다. 왜냐하면 이런 능력들은 신이 구세주가 다시 재림할 때까지 우리와 의논하기 위해 넘겨준 능력이기 때문이다. 물론 신의 말씀은 이성을 초월하는 것이 많지만 자연 이성과 신의 말씀이 모순되지 않기 때문에, 잘못은 우리의 익숙하지 못한 해석이나 틀린 추리에 있다.

그렇다면 신은 어떤 방식으로 사람들에게 말하는가? 신이 직접 말하거나 혹은 다른 사람을 통해 말한다는 점은 분명하다. 그런데 신이 직접 말하는 것은 듣는 사람에게는 충분히 이해될 수 있지만 다른 사람에게는 어떻게 이해되어야 할까? 예를 들어 신이 어떤 이에게 직접 말했다는 내용에 대해 내가 의심할 경우가 있다. 만일 그가 나의 주권자라면 내게 복종을 명할 수 있으므로, 나는 그를 믿지 않는다는 점을 행동이나 말로 드러내지 못한다. 그러나 그렇지 않을 경우에는 그가 내게 믿음이나 복종을 강요하지 못한다.

성경에서 신이 누군가에게 말했다고 하는 이야기는 그 사람에게 직접 그랬다는 것이 아니라 예언자나 사도, 교회를 통해 마치 다른 모든 기독교인들에게 말하는 것처럼 했다는 뜻이다. 어떤 사람이 신을 보거나 목소리를 들었다고 하는 것은 꿈을 꿨다고 말하는 것이다. 따라서 전지전능한 신이 꿈이나 환영, 목소리를 통해 한 사람에게 말할 수도 있지만, 그 사람은 다른 사람들이 그 점을 믿도록 강요하지 못한다.

그리고 예언자들끼리 서로 속일 때 진정한 예언자를 구별할 수 있는 방법은 무엇일까? 성경에서 이와 관련된 두 가지 사항을 찾을 수 있다. 바로 그 하나는 기적을 행하는 것이고, 다른 하나는 지금 존재하는 것 외에 다른 종교를 가르치지 않는 것이다. 설령 그가 아무리 기적을 만든다 한들 현재의 왕에 맞서 반란을 일으키려 한다면 그 기적은 신이 예언자를 실험한 것에 불과하다. 신이 세운 종교를 가르치는 것과 기적을 일으키는 것이 함께 묶일 때 참다운 예언자의 징표가 된다.

그리고 나는 기독교 국가 최고 주권자의 권리들과 주권자에 대한 기독교 국민의 의무들을 다루는 원리로서만 성경을 인정하려고 한다.

여러 성경들의 숫자와 유물, 범위와 권위, 해석자들

여러 권의 성경은 경전, 즉 기독교인의 삶을 다스리는 규칙으로 이해되어야 한다. 그리고 사람들이 양심에 따라 지키는 모든 생활상의 규칙들이 바로 법이기 때문에, 성경의 물음들은 모든 기독교 국가에서 통용되는 법이 무엇인가에 관한 물음이다.

그런데 주권자는 자신의 영토 내에서 유일한 입법자이기 때문에 주권이 경전으로 인정한 성경의 편만이 경전이며 법이다. 물론 신은 주권자 중의 주권자이기 때문에 지상의 힘 있는 자가 거부할 것을 명령하더라도 신에게 복종해야 한다. 그러나 문제는 신에 대한 복종이 아니라 신이 언제 무엇을 말했는가다. 그리고 그것은 초자연적인 계시를 받지 못한 국민들이 자연 이성을 통해서가 아니면 알 수 없다. 자연 이성은 평화와 정의를 확보하기 위해 국민에게 주권자에 대한 복종을 인도한다.

또 어느 한 편의 성경을 경전으로 만드는 것은 작가가 아니라 교회의 권위다. 여러 권의 성경 중 가장 최초의 것을 지은 사람이 누구인가에 관해서는 역사적인 증거가 충분하지 않다. 그리고 작가가 분명하지 않기 때문에 언제 지어졌는지도 알기 어렵다. 그러나 그들은 모두 하나의 동일한 정신에 따라 성경을 썼고, 그 정신은 하느님의 왕국, 성부와 성자와 성령의 왕국의 권리를 선포하는 데 있었다.

《구약성서》와 《신약성서》 모두 사람들을 변화시켜 하느님께 복종하도록 만들려는 의도를 가졌다.

성경에 관해 가장 논쟁적인 부분은 그것의 권위가 과연 어디에서 나오는가 하는 문제다. 즉 우리가 어떻게 해서 그것을 하느님의 말씀으로 여기게 되었는가 또는 왜 우리가 그것을 하느님의 말씀으로 믿어야 하는가와 연관된다. 이런 문제가 해결되기 어려운 것은 그 질문 자체가 부적절한 언어를 사용하고 있기 때문이다. 성경을 처음 지은 사람이 하느님이라는 사실은 널리 믿어지고 있지만, 하느님 스스로 초자연적인 힘을 보여 준 사람들을 제외하고는 그것이 하느님의 말씀이라는 것을 아는 사람은 아무도 없다. 따라서 이 물음을 지식의 문제로 제기하는 것은 정당하지 않다. 정확하게 묻는다면 이것은 성경을 법으로 만든 권위가 무엇인가의 질문일 뿐이다.

만약 교회가 하나의 인격이라면 그것은 기독교인들의 국가와 같다. 그것이 국가로 불리는 것은 하나의 인격, 즉 주권자로 일치된 사람들이기 때문이다. 그리고 기독교인으로 구성되었기 때문에 교회는 한 사람의 기독교 주권자로 통합된다. 그러나 만일 교회가 하나의 인격이 아니라면 교회는 아무런 권위도 가질 수 없다. 권위의 힘은 인격적인 것에 있기 때문이다. 따라서 성경의 권위에 관한 물음은 기독교인인 왕이나 의회가 신의 감독을 직접 받으며 자신의 영토 안에서 절대적인 권력을 행사할 수 있는가 아니면 교회에 속한 하느님의 대리인에게 복종할 것인가라는 질문으로 돌아간다. 이 문제를 해결하려면 신의 왕국에 대한 더더욱 엄밀한 분석과 함께 성경을 해석하는 권위를 판정해야 한다. 어떤 책을 법으로 만드는 합법적인 권력을 가진 사람이라면 그 책에 관한 해석을 승인하거나 거부하는 권력 또한 갖기 때문이다.

성경에 나타난 성령과 천사, 신 내림이라는 말의 의미

모든 참되고 이성적인 추리의 바탕은 단어의 변하지 않는 뜻에 있다. 따라서 먼저 애매한 단어들의 의미를 규정하는 문제에서 논의를 시작하려 한다. 나는 스콜라 철학자들의 용어에서 유형의 실체 또는 무형의 실체라고 정의되는 물체와 영혼이라는 말부터 제시하고자 한다.

가장 일반적인 의미에서 물체란 일정한 공간이나 장소를 채우거나 점유하고 있으며 상상력에 의존하지 않고서 우리가 우주라고 부르는 것의 한 부분을 실제로 차지하고 있는 사물을 가리킨다. 우주란 모든 물체가 모인 것이기 때문에 그 우주에서 물체가 아니면서 우주를 구성하는 것은 사실상 존재할 수 없다. 우주의 일부분이 아니면서 물체인 것도 있을 수 없다. 그리고 이 물체들이 변하기 때문에, 즉 살아 있는 생물의 감각에 따라 다양한 모습을 드러내기 때문에 이를 실체라고 부른다. 이처럼 실체와 물체는 같은 것을 뜻하기 때문에 무형의 실체나 무형의 물체라는 말이 결합돼 사용되면 서로의 의미를 파괴하는 모순된 말이 된다.

일반적인 의미에서 성령(홉스는 형체 없는 물체라는 말이 모순된다는 점을 밝히고 난 뒤 예상되는 반론인 성령이나 천사가 바로 형체 없는 물체/실체라는 주장을 다루고 있음. 그는 성령이나 천사의 속성을 인간이 알기란 불가능하고 다만 그것의 쓰임새만 파악할 수 있다고 하며 중세 시대에 비과학적으로 합쳐졌던 신앙과 과학의 세계를 다시 분리시킴)이라는 말은 포착하기 힘들고 유동적이며 보이지 않는 물체나 유령, 상상력에 의한 우상 또는 환영을 말한다. 그러나 비유적인 의미에서 성령의 뜻은 다양하다. 왜냐하면 때때로 성령은 마음의 병이나 뛰어난 능력, 이상한 정념을 뜻하기 때문이다. 그리고 신이 성령이기도 하고 신의 성령이 신 자체라고 이야기될 경우 이 성령이 무엇인가에 관해서는 이해할 수 없고 그것이 존재한다는 것만 이해될 수 있다. 따라서 우리가 성령에게 부여한 속성은 그것이 무엇인지 이야기하거나 우리의 의견을 드러내기 위한 것이 아니라 그것을 가장 명예롭게 하려는 욕망이다. 그래서 성령의 속성은 바람이나 호흡, 탁월한 이해력, 남다른 열정, 꿈이나 환영에 의한 예언, 생기, 권위에 대한 복종, 공기처럼 여러 가지 물체로서의 의미를 지니게 된다.

그리고 일반적인 의미에서 천사란 신의 사자를 뜻한다. 성경 어디에서도 이 천사가 어떻게 만들어지는가에 관해서는 찾을 수 없고 천사가 성령이라는 점만 반복해서 이야기되고 있다. 천사는 실존하는 실체는 아니지만 신이 자신의 의지를 실현하기 위해 초자연적으로 불러낼 때 드러나며, 천사를 신의 사자라고 정의하는 것은 부적절한 것이 아니다. 이들을 천사라 부르는 이유는 어떤 모습 때문이 아니라 그 쓰임새 때문이다. 신은 천사를 통해 자신의 존재와 계율을 인류에게 알린다.

또한 신 내림이라는 말의 의미는 성령이라는 단어의 뜻에 의존한다. 이것은 사람이 공기 주머니에 입김을 넣어 채우듯 공기나 바람을 불어넣는 행위와도 같다. 신 내림이라는 말은 성경에서 비유적으로만 사용되고 있지만, 그것은 사람들 마음에 가해지는 신의 특별한 힘을 뜻하는 외적인 표시로 이해되어야 한다. 또 그것은 사람들이 사도로서의 활동에 필요하다고 생각하는 내적인 은총과 신성한 덕성을 자기 내부에 불러일으키기 위한 것이기도 하다.

성경에 나타난 신의 왕국과 거룩함, 신성함, 세례의 의미

성직자들은 신의 왕국을 비유적으로 받아들이지만 오히려 성경에서 그 의미는 분명하다. 성직자들의 설교나 논문에서 이야기되는 신의 왕국이란 보통 죽은 뒤에 누리는 영원한 극락인 영광의 왕국이나 은총의 왕국이다. 신의 왕국이 군주 국가를 뜻하지는 않지만 신의 주권이 그 국민의 동의에 따른 것이기 때문에 그 나라는 왕국이라 불릴 수 있다.

성경의 기록에 따르면 이스라엘 민족은 특별한 방식의 선거로 왕국을 세웠는데, 그들 중 일부는 하나님이 가나안 땅을 주겠다고 약속하자 그 말씀을 근거로 서약을 맺고 하느님을 그들의 왕으로 선출했다. 하느님은 아브라함에게 다음과 같이 말한 뒤에 서약을 맺는다. "내가 내 언약을 나와 너와 네 대대 후손의 사이에 세워서 영원한 언약으로 삼고 너와 네 후손의 하나님이 되리라. 내가 너와 네 후손에게 네가 살고 있는 이 땅 곧 가나안 일경을 주어 영원히 누리게 하고 나는 그들의 하나님이 되리라." 이 서약을 기념하는 징표로 아브라함은 할례라는 성스러운 의식을 만들었다. 그리고 이 서약으로 아브라함과 그 후손들은 신의 실정법에 복종하게 되었다. 왕이라는 칭호가 신에게 주어지지 않았고 아브라함과 그 후손이 왕국이라는 명칭을 쓰지도 않았지만 왕국은 존재했다. 아브라함의 후손에 대한 신의 고유한 주권은 계약으로 성립되었기 때문이다.

신의 왕국은 모세가 시나이 산에서 십계명을 받은 후에 사제들에게 전한 대로 백성들이 자신들의 왕인 하느님을 향해 복종하는 것

뿐 아니라 정의의 관점에서 서로의 행위를 규제하는, 사람들의 동의로 세워진 국가를 뜻했다. 따라서 신의 왕국이란, 곧 시민의 왕국이었다.

그리고 신의 왕국에 대한 이런 해석에서 거룩함에 대한 참된 해석이 나온다. 한 국가의 왕은 공적인 인격이고 자신의 모든 국민을 대표한다. 이스라엘의 왕인 신은 이스라엘의 거룩한 유일자다. 따라서 신의 민족인 유대인은 거룩한 민족이라 불린다. 유대인만이 거룩한 민족인 것은 서약으로 신의 소유가 되었기 때문이다.

신성함의 의미도 마찬가지다. 신에게 바쳐진 제물이라는 신성함의 원래 뜻은 사람들이 바친 것, 즉 공적인 행사에만 사용되도록 바쳐진 것을 뜻한다. 그리고 세례 의식은 신에 의해 쓰이도록 바쳐지는 행위이자 신의 왕국에 들어간다는 표시다. 《구약성서》에서 이런 표시는 할례며 《신약성서》에서는 세례다.

신의 말씀과 예언자들

신의 말씀이란 부분적인 명사나 동사, 간단한 문장이 아니라 완전한 이야기나 대화를 뜻하고, 신은 그 말을 통해 긍정하고 부정하고 명령하며 약속하고 위협하고 희망하며 질문한다.

성경은 신의 말이나 신에 관한 말 모두를 신의 말씀이라 부른다. 따라서 두 가지 해석이 가능한데, 하나는 이스라엘이나 유대인 왕들의 시대에 행해진 여러 행위가 신의 말씀의 주제였다는 뜻이고, 다른 하나는 신과 신의 통치에 관한 말, 즉 신학으로서 기독교의 교리를 뜻한다. 따라서 신의 말씀을 신이 직접 말한 것으로 간주한다면, 때로는 아주 엄밀하게 때로는 아주 비유적으로 그 말을 이해해야 한다. 즉 엄밀하게 이해하면 신의 말씀은 신이 예언자에게 한 말이고, 비유적으로 이해하면 세상을 창조하는 신의 지혜와 권력, 영원한 교리일 수도 있기 때문이다.

성경에서 예언자라는 호칭은 때때로 대변인, 즉 신이 인간에게 또는 인간이 신에게 그를 대신해서 말하는 사람을 가리키고, 때로는 예보자, 즉 앞으로 일어날 일에 대해 미리 말하는 사람을 가리키기도 한다. 또 때때로 예언자는 미친 사람처럼 앞뒤가 안 맞는 말을 하는 사람을 뜻하기도 한다. 그래도 예언자라는 말이 가장 많이 사용된 것은 신이 인간에게 말한다는 의미에서였다. 그래서 모세, 사무엘, 엘리아, 이사야, 예레미아 등은 예언자들이다.

그런데 앞으로 일어날 일에 대한 예보가 언제나 예언은 아니다. 즉 예언이 미래에 일어날 일을 예보할 경우 예언자는 신의 대변인이기도 하지만 그가 사기꾼이거나 미신에 사로잡힌 사람일 수도 있다. 그리고 예언은 신에게 일시적으로 선택된 사람으로서 주로 선한 자에게 일어나는 현상이지만 때때로 사악한 사람들에게 일어날 수도 있다.

　예언자는 신이 무엇인가를 직접 말한 사람이고 신에게 들은 바를 다른 사람에게 말하는 사람이다. 그렇다면 신은 어떤 식으로 그런 예언자들에게 말하는가? 신이 인간처럼 혀나 다른 어떤 신체기관을 갖고 있다는 말일까? 우리는 신이 인간에게 직접 말한다는 의미를 신이 인간에게 자신의 의지를 이해시킨다는 뜻으로 해석해야 한다. 그리고 신이 예언을 행하는 방식은 성경에서만 찾아야 한다.

　신이 말씀을 전하는 방식에는 꿈과 환영을 통해 말하는 방식, 최고의 주권자에게 신탁을 내리는 방식, 성령으로 말하는 방식이 있다. 그런데 꿈이나 환영으로 나타나는 것은 신의 초자연적인 작용만이 아니라 자연적인 작용에 의해서도 생길 수 있다. 따라서 자연적인 재능과 초자연적인 재능을 또는 자연적인 환영과 꿈을 초자연적인 환영과 꿈에서 구별하기 위한 이성과 판단이 필요하다.

　그럴 경우 모든 사람은 누가 주권을 가진 예언자인지, 즉 이 땅에서 신의 대리인이며 신 다음으로 기독교인을 통치할 수 있는 권위를 갖고 있는 사람이 누구인지를 고려해야만 한다. 그리고 기적을 일으켰건 일으키지 않았건 예언자를 자처하는 사람들이 제시하는 교리의 진실을 검토하고 검증해야 한다.

기적과 그 효과

기적이란 신이 행한 감탄할 만한 일을 뜻하고 그래서 경이로움이라고도 불린다. 어떤 일을 기적으로 이해하려면 두 가지 점이 필요하다. 하나는 그것이 아주 낯선 일, 즉 결코 일어나지 않을 것 같거나 거의 일어나지 않는 일이어야 한다. 그리고 다른 하나는 설령 어떤 일이 발생할지라도 그 일이 자연적인 방식으로 이루어진 것이 아니라 오직 신의 직접 개입을 통해서만 일어났다고 생각할 수밖에 없어야 한다. 예를 들어, 무지개가 세상에 처음 떴을 때는 처음이자 낯설었기 때문에 기적이었지만 지금은 기적이 아니다. 그리고 어떤 일이 발생할 시간과 그것이 발생하는 이유를 알고 있다면 그것은 기적이 아니다.

그렇다면 기적의 목적은 무엇인가? 기적의 목적은 (사람들로 하여금) 신의 사자와 대리인, 예언자들을 믿게 해서 그들이 신의 부름을 받고 보내졌으며 신의 일을 하는 사람이라는 점을 알 수 있게 함으로써 그들에게 더 복종하도록 만들려는 것이다. 따라서 기적은 신의 작품이고 신이 선택한 사람들의 구원을 위해, 특별한 대리인의 사명을 분명히 밝히는 것이다. 따라서 천지창조와 노아의 대홍수는 놀랄 만한 일이지만 신뢰감을 주기 위해 일어난 일이 아니므로 기적이라 불리지 않는다.

그런데 사람들은 거짓된 기적에 속기 쉽다. 따라서 앞서 이야기했듯이 신의 대리인이 세우지 않은 다른 종교를 가르치는 사람이나, 같은 종교를 가르치더라도 예언이 실현되는 것을 보지 못할 때는 그 누구도 예언자로 받아들여서는 안 된다. 모든 사람은 자신의 개인적인 이성이나 양심을 판정자로 만들 것이 아니라 공적인 이성을, 즉 신의 최고 대리인의 이성을 판정자로 삼아야 한다.

성경에서의 영원한 삶과 지옥, 구원, 다가올 세계, 속죄

시민 사회는 정의에 바탕을 두고 유지되며, 정의는 국가의 주권자가 갖는 삶과 죽음, 보상과 처벌의 힘에 바탕을 둔다. 주권자 이외에 다른 사람이 생명보다 더 큰 보상이나 죽음보다 더 큰 처벌을 주는 권력을 갖고 있다면 국가는 유지될 수 없다.

영원한 삶은 현재의 삶보다 더 큰 보상이고 영원한 고통은 자연적인 죽음보다 더 큰 처벌이다. 신이 아담을 낙원에서 내쫓았을 때 아담의 범죄는 영원한 삶을 잃게 했다. 그리고 예수님은 자신을 믿는 모든 이의 죄를 사했고 아담의 죄로 잃어버린 그 영원한 삶을 모든 믿는 자들에게 돌려줬다.

예수님이 돌려준 영원한 삶을 즐길 장소에 관한 여러 글들은 지구상에 그 장소가 세워질 것이라는 근거 없는 주장을 믿게 한다. 아담은 지상의 낙원과 영원한 삶을 잃었고 예수님이 믿는 자들에게만 그것들을 돌려줬는데도, 모든 사람이 지구상에서 살아간다는 것은 적절하지 않다. 따라서 예수님의 부활 이후 인간이 영원히 살아갈 장소는 천국이다. 천상의 왕국은 천국에 사는 왕의 왕국을 뜻한다. 신의 왕국은 신이 주권자인 시민 국가다. 처음에는 신의 대리인이 지배하지만 예수님이 재림한 이후에는 신의 왕국이 세워질 것이다.

신의 왕국이 영원한 삶을 누린다면, 신의 적들은 심판 이후에 영원한 고통을 받게 된다. 심판 이후에 부정한 자들의 자리는 완전한 어둠 속이다. 이들이 받게 될 지옥의 고통은 이를 갈거나 울부짖는 것, 양심의 구더기나 지옥의 불덩이로 표현된다.

영원한 삶의 기쁨과 구원은 같은 의미다. 구원받는다는 것은 모든 악으로부터, 즉 결핍과 아픔, 죽음에서 보호받는 것이다. 따라서 죄의 면제는 죽음과 절망의 면제다. 절대적인 구원은 신앙을 가진 사람들이 예수 그리스도의 힘과 은혜로 심판의 날 이후에 즐거움을 누린다는 뜻이다.

총체적인 구원은 천상의 왕국에서나 가능하기 때문에 그런 구원이 이루어질 장소를 말하기란 어렵다. 다만 적과 가난에 맞서 영원한 안전을 보장받도록 정해진 장소가 왕국이다. 이런 종류의 구원은 지상에서도 이루어지고, 이 구원이 이루어지는 장소가 바로 왕국이다.

다가올 세계는 신의 왕국이나 구원과 연관된다. 성경은 세 가지 세계를 언급하는데, 그것은 과거의 세계, 현재의 세계, 그리고 다가올 세계다. 이중 다가올 세계는 엄청난 권한과 영광을 가진 예수님이 천사들과 함께 천국에서 내려와 자신이 선택한 사람들을 모이게 할 곳을 가리킨다.

그리고 죄의 구원은 속죄가 이루어진 뒤에야 가능하다. 일단 원죄를 지었으므로 죄의 값을 치러야 하기 때문이다. 죄의 값은 구원을 받기 전에 치러야 한다. 그리고 그 죄의 값은 피해를 입은 사람이 요구할 수 있는 것이다. 따라서 죄의 값은 구원을 받기 전에 신이 원하는 것으로 치러야 한다.

9. 종교 권력에 대한 정치 권력의 우위

중세 시대의 신학자들은 교회가 지상에서 구현된 신의 왕국이라고 주장하면서 교회의 권위가 국가의 권위보다 더 우위에 있다고 이야기했다. 실제로 교회가 권력을 장악했던 중세 시대에는 그런 논리가 자연스럽게 받아들여졌다.

성경을 봐도 과거에 왕국이 세워지지 않았을 때에는 종교를 주관하는 대제사장들이 주권을 가졌고 전쟁과 평화를 결정했다. 그러나 홉스는 이스라엘 민족이 사울에게 왕을 내려 달라고 외쳤을 때부터 대제사장의 권력이 왕으로 이동했다고 주장한다. 그리고 그런 논거의 다른 예로 예수가 '교회는 명령하고 집행하는 권력보다 가르치고 설교하는 권력을 갖는다.'고 말했다는 사실을 든다. 예수의 제자들의 임무는 사람들을 지배하는 데 있는 것이 아니라 사람들이 예수님을 믿고 신앙을 갖도록 설득하는 데 있었다. 만일 기독교인들이 다른 사람에게 명령하거나 처벌할 권한을 가졌다면 그것은 그 사람이 기독교인이라서가 아니라 공적인 주권을 가졌기 때문이다. 더구나 예수는 기독교인과 무신론자를 막론하고 모든 군주에게 합법적인 권위를 부여했고 백성들에게는 그에게 복종하라고 말했다.

당시 교회 권력이 행사하던 가장 강력한 권한인 파문권도 홉스에게는 큰 의미가 없었다. 파문은 시민 권력이 뒷받침될 때에만 집행력을 가지며, 만일 그런 권력이 없다면 그것은 단순한 충고에 지나지 않기 때문이다. 따라서 홉스의 논리에 따르면 교회 권력은 결코 정치 권력을 장악할 수 없다.

한걸음 더 나아가 홉스는 기독교인이 된 주권자가 목사를 임명할 권리도 가져야 한다고 주장했다. 앞서 살폈듯이 어떤 교리가 평화를 보장하는가를 판단하는 권한과 그 교리를 가르칠 권한은 모두 주권자에게 있기 때문이다. 따라서 홉스는 교회가 아닌 주권자가 교회 권력과 시민 권력 모두를 가져야 하고 이교도 국가에서조차 기독교인이라 해도 이교도 주권자에게 반드시 복종해야 한다고 주장한다.

성경에서의 교회라는 말의 의미

성경에서 교회는 여러 가지 의미를 가졌다. 때때로 교회는 신의 집, 즉 사원으로서 기독교인들이 신성한 의무를 공개적으로 수행하기 위해 모이는 집을 뜻했다. 교회는 기도하는 사람들의 집이고 예수님을 숭배하는 기독교인들이 바친 집이다. 그렇지만 때로는 지배자가 시민들에게 말하고 싶은 내용을 전달하기 위해 소집한 집회 또는 시민 의회를 뜻하기도 했다.

어떤 의미에서 교회는 하나의 인격으로서 법률을 만들거나 복종을 요구할 수 있는 힘을 가질 수 있다. 교회는 하나의 주권으로 통합된, 기독교를 믿는 사람들의 모임이다. 그런데 모든 국가에서 시민 권력의 허가 없이 모임을 갖는 것은 불법이다. 따라서 모임을 허가하지 않는 국가 내에서 교회가 모임을 갖는 것은 불법이다.

그리고 모든 기독교인들이 복종해야 하는 보편적인 교회는 존재하지 않는다. 모든 국가가 복종해야 하는 권력이 현실에는 존재하지 않기 때문이다. 교회는 기독교인들로 구성된 시민 국가와 같고, 시민 국가와 마찬가지로 교회는 기독교인들을 국민으로 삼는다. 그러나 통치자는 반드시 한 명이라야 한다. 만일 그렇지 않다면 교회와 국가 사이에, 내세주의자와 세속주의자 사이에, 믿음의 방패와 정의의 칼 사이에, 기독교인과 보통 사람들 사이에 분열과 내란이 발생할 것이다.

아브라함과 모세, 대제사장과 유대인 왕들이 지닌 신의 왕국의 권리

신앙인의 조상이자 서약을 통해 최초로 신의 왕국에 들어간 아브라함은 최초로 계약을 맺은 사람이다. 이 서약에 의해 아브라함과 그의 후손들은 신의 명령을 받아들이고 복종하게 되었다. 아브라함이 신과 맺은 서약은 꿈이나 환상을 통해 신의 이름으로 명령된 신의 율법을 의미했다. 그리고 아브라함은 자신의 가족들에게도 그 율법을 전하고 그것을 따르게 했다.

이렇게 해서 아브라함은 자기 후손들의 종교를 정하는 유일한 권력을 갖게 되었다. 아브라함과 신의 서약에서 우리는 신의 백성들이 만든 국가의 세 가지 중요한 측면을 관찰할 수 있다. 첫째, 신은 서약을 맺을 때 아브라함에게만 말했을 뿐 그의 가족이나 후손들과는 계약을 맺지 않았다. 따라서 모든 국가에서 초자연적인 계시를 받지 못한 사람들은 외부에서 종교 활동을 할 때 주권자의 법률에 복종해야만 한다. 둘째, 아브라함의 종교에 반하는 정신은 그 어떤 것도 허용되지 않는다. 그러므로 아브라함이 금지한 교리를 지지하거나 개인적으로 다른 정신을 받아들였을 때 그 후손들을 처벌하는 것은 합법적이다. 셋째, 아브라함은 신이 말한 것을 판단하고 해석하는 유일한 사람이다. 따라서 아브라함과 동등한 지위를 갖는 사람만이 국가 내에서 신의 말씀을 해석할 수 있다.

아브라함의 후손인 이삭과 야곱은 그 서약을 계속 지켰고, 서약은 유대인들이 이집트에서 도망칠 때까지 계속되었다. 모세는 신의 대리인으로서 그 서약을 다시 받아들였다. 그런데 모세는 아브라함의 후손이 아니었기 때문에 아브라함의 권리를 이어받은 사람으로서 유대인들을 다스릴 권위를 갖지 못했다. 따라서 다른 군주들의 권위처럼 모세의 권위는 유대 민족의 동의에, 모세에게 복종하겠다는 약속에 근거해야만 했다. 모세의 형인 아론이 제사장이었지만 신을 등에 업은 모세는 그 당시 유대인들의 주권자였다. 그리고 이런 다양한 주권자들이 만들어 놓은 것을 넘어 성경을 해석할 수 있는 사람은 없어야 했다.

모세 이후에는 대제사장들이 주권을 가졌다. 따라서 전쟁과 평화를 만드는 권력이나 사법권은 대제사장에게 있었다. 여호수아가 죽고 난 뒤 사울의 시대까지 이스라엘에는 왕이 없었다. 통치의 실행이 아니라 통치의 권리를 고려한다면 주권은 여전히 대제사장에게 있었다. 따라서 정책과 종교를 조절할 권한은 분리되지 않았고 정치 권력과 종교 권력은 통합되어 있었다.

사울의 시대부터 권력은 왕이 가졌다. 왜냐하면 신의 묵인 하에 국민들은 대제사장의 주권을 포기했기 때문이다. 이스라엘 백성들이 사울에게 자신들에게도 왕을 내려달라고 했을 때, 그들은 더 이상 신의 이름으로 제사장이 명령하는 것을 받아들이고 싶어 하지 않았고 다른 나라들과 똑같이 자신들에게 명령할 한 사람의 통치를 받고 싶어 했다.

유대인의 국가에서 주권을 가진 자는 그 누구든지 외적으로 신을 숭배하는 것과 관련해 최고의 권위를 갖고 신의 인격, 즉 아버지 하느님의 인격을 대표한다. 비록 그가 성부의 이름을 부르지 않을지라도 그는 인류를 원죄에서 구하고 영원한 왕국으로 인도한다.

우리의 축복받은 구세주의 임무

우리는 성경에서 예수님의 임무에 관한 세 가지 내용을 찾았다. 그것은 구세주이자 정신적 지도자이자 영원한 왕으로서의 임무다. 첫 번째, 구세주로서 예수님은 죽음에 이르는 죄를 사했다. 즉 예수님은 자신을 희생해서 인간의 부정함을 씻었다. 죄 없는 한 사람의 죽음이 모든 이의 죄를 씻을 수는 없지만 죄를 씻도록 신의 자비를 구할 수는 있었다. 인간으로서 우리의 구세주는 죽기 전에 자신이 구원한 사람들의 왕이 아니었다. 그러나 세례를 받으면서 신자들은 신과의 서약에 따라 예수님을 왕으로 모시겠다고 맹세했다.

두 번째로 예수님이 내려오신 목적은 신의 왕국에 관한 서약을 새롭게 하기 위해서였다. 즉 그 서약을 받아들이도록 선택받은 자들을 설득하는 것이 예수님의 두 번째 임무였다. 그 서약은 사울을 왕으로 세운 유대인들의 반란을 끝내기 위한 것이었다. 예수님은 자신이 구세주이고 예언자들이 약속한 왕이라고 설교했다. 예수님은 기적과 설득으로 신의 왕국에서 누리게 될 불멸의 가치에 관해 가르쳤다. 그러나 예수님의 설교는 유대인이나 로마의 법과 충돌하지 않았다. 예수님이 주장한 왕국은 다른 세상에 존재했기 때문이다.

예수님의 세 번째 임무는 아버지 하느님의 이름으로 선택받은 자들의 왕이 되는 것이었다. 앞서 이야기했듯이 예수님의 왕국은 재림 때까지 세워지지 않는다. 재림 이후에 예수님은 신으로서만이 아니라 선택받은 자들과의 계약에 따라 왕이 될 것이다. 그리고 신의 왕국에서 예수님의 권위는 아버지 하느님의 권위에 종속된다. 예수님은 모세처럼 아버지 하느님의 대리인으로 왕이 되었다.

우리의 구세주는 모세가 그랬던 것처럼 가르치는 일과 다스리는 일 두 가지에서 신의 인격을 대표했다. 이렇게 해서 하느님은 예수님 이후부터 아버지 하느님으로 불리게 되었다.

교회 권력

교회 권력이 무엇이고 그 권력이 누구에게 있는지를 이해하려면 예수님의 승천 이후의 시기를 두 가지로, 즉 왕이나 시민 권력을 부여받은 사람들이 개종하기 전과 개종한 뒤로 구분해야 한다. 예수님이 승천하고 난 뒤에 왕이나 공적인 주권자가 기독교를 받아들이고 그 가르침을 공식적으로 받아들이기까지는 오랜 시간이 걸렸기 때문이다.

애초에 교회 권력은 사제에게 있었고 그 후에는 복음을 퍼뜨리고 사람들을 기독교로 개종시키며 그들을 구원의 길로 인도하는 사람들로 옮겨 갔다. 그리고 이 권력은 다시 그들이 정한 다른 사람들에게 전해졌는데, 이들은 성령의 축복을 받고 왕국을 이끌도록 신의 대리인으로 임명되었다. 교회 권력은 초기에는 이런 식으로 교회 권력이 유지되던 곳에서뿐 아니라 기독교 국가가 아닌 곳에서도 유지되었다.

그런데 이때의 교회 권력은 가르치는 권력일 뿐이었다. 예수님은 교회가 아무런 강제력을 지니지 않는 대신, 기독교 왕국을 선포하고 사람들로 하여금 스스로 그것에 복종하도록 설득하는 권력만을 갖는다고 말했다. 또 복종한 사람들에게 교훈을 주고 훌륭한 권고를 함으로써 신의 왕국으로 들어가려면 무엇을 해야 하는지 가르치는 권력만을 갖는다고 말했다.

나는 이미 예수님의 왕국이 이 세상의 것이 아님을 밝힌 바 있다. 따라서 예수님의 대리인들도, 그들이 왕이 아닌 한 예수님의 이름으로 복종을 요구할 수 없다. 예수님은, 인간의 사냥꾼이 아닌 인간의 어부가 되라고 비유했듯 박해와 처벌이 아닌 설득에 의한 복종을 요구했던 것이다.

이 세상에서 예수님의 대리인들의 임무는 사람들이 예수님을 믿고 신앙을 갖도록 만드는 데 있다. 그런데 신앙은 박해나 명령과 아무런 관련이 없고 이성이나 사람들이 믿는 바로부터 논증된 확실성이나 개연성에 바탕을 둔다. 이 세상에서 예수님의 대리인들은 자신들이 말한 바를 믿지 않거나 반박하는 사람들을 처벌할 권력을 갖고 있지 않다. 그러나 만일 그들이 공적인 주권을 갖고 있다면 자신들의 법률에 반대하는 행위를 합법적으로 처벌할 수 있다.

예수님의 대리인들이 명령할 권리를 갖고 있지 않다는 또 다른 증거는 예수님이 기독교인과 무신론자를 가리지 않고 모든 군주에게 합법적인 권위를 줬다는 점에서 찾을 수 있다.

그렇다면 왕이나 다른 주권자가 기독교를 믿는 것을 금지하는 경우에는 어떻게 해야 하는가? 나는 그런 금지가 아무런 실효성을 갖지 못한다고 본다. 신앙을 갖거나 신앙을 갖지 않는 행위는 결코 인간의 명령을 따르는 것이 아니기 때문이다. 신앙은 신의 선물이라서 인간이 보상하거나 위협해서 빼앗을 수 있는 것이 아니다. 그리고 자기 자신의 마음이 아닌 나라의 법을 위한 행위는 그 자신의 것이 아니라 주권자의 것이고, 사람들 앞에서 예수님을 부인하는 것은 그가 아니라 그의 지배자이자 그 나라의 법이다.

그렇다면 교회의 역사에서 찾을 수 있는 모든 순교자들은 쓸데없이 목숨을 버렸다는 말인가? 진정한 의미에서의 순교자는 예수님과 대화하고 예수님이 부활하기 전후에 그를 봤던 제자들이었다. 그 밖에 사사로운 근거를 갖고 자신이 믿는 교리를 주장하기 위해 국가의 법과 권위에 저항하는 사람은 결코 순교자가 될 수 없다. 무엇을 위해 죽을 수 있고 순교라는 명예로운 이름을 붙일 만한 가치가 있는 것은 '예수님이 구세주'라는 말뿐이다. 성직자들의 야심이나 이익에 도움을 줄 교리를 위해 죽을 필요는 없다. 예수님은 자신의 열두 제자에게 명령할 권리가 아닌 설교할 권위를 주어 이교도에게 보냈다. 설교하는 일과 가르치는 일은 동일한 것이다.

사제들의 또 다른 임무는 성부와 성자, 성령의 이름으로 세례를 주는 것이다. 세례는 충성스러운 신의 백성이 되는 표시로 물에 잠기거나 씻겨지는 행위다. 그리고 또 다른 임무는 죄를 용서하고 사하는 것이다.

반대로 신의 왕국에서 쫓겨나는 것을 파문이라고 부른다. 파문의 원뜻은 모세의 율법에 따라 나병 환자들을 격리해서 내쫓는 것이었다. 그런데 파문의 효과는 시민 권력의 힘이 뒷받침되지 않을 경우 파문되지 않은 사람들이 파문된 사람들과 어울리지 말아야 한다는 정도에 지나지 않았다. 따라서 파문은 예수님의 재림을 믿는 사람들에게만 영향을 미치고 변절한 사람에게는 아무런 영향을 미치지 못한다. 그리고 파문은 충고를 의미하기 때문에 주권을 가진 군주나 의회가 파문되어도 그것은 아무런 영향을 미치지 못한다. 또한 기독교인이든 아니든 주권자의 법률에 복종하는 기독교인을 파문하는 것은 아무런 효과가 없다. 마음속에 신을 간직한 사람은 인간의 파문으로 아무런 해도 입지 않는다. 파문의 힘은 다가올 세상에서 구원의 길을 사람들에게 가르치고 지도하라는 사명을 넘어서서 확대될 수 없다.

그리고 한 교회가 다른 교회를 파문할 수 없다. 두 교회가 서로 똑같이 파문할 힘을 갖는다면 둘 다 어떠한 권위도 가질 수 없고 분열을 가져올 뿐이기 때문이다. 파문의 권리는 교회의 사제들과 신자들이 구세주에게서 받은 사명을 이룬다는 목적을 벗어나 확대될 수 없다. 그 사명은 바로 다가올 세계에서 사람들에게 구원의 길을 가르치고 지도하는 일이다.

성경에서 최초의 법은 두 개의 돌판에 새겨진 십계명이었다. 십계명은 신이 모세를 통해 전달함으로써 백성들에게 알려졌다. 그 이전에는 신의 법이 없었고 모든 사람의 양심에 새겨진 자연 이성의 계율, 즉 자연법만이 있었다.

신앙에서 나온 말과 행위가 정치적 복종과 어긋날 때 그것은 신과 사람 모두의 정의를 어기는 것이다. 예수님이 자신의 왕국을 현실이 아닌 나중에 다가올 것으로 선포하고, 세상을 파괴하거나 칼로 복종을 강요하기 위해서 온 것이 아니라 구원하러 왔다고 했을 때 그 방식은 권력이 아니라 설득이었다. 예수님은 제자들을 왕으로서 국민에게 보낸 것이 아니라 양으로서 늑대들에게 보냈다. 그들은 법을 만들라는 사명을 받은 것이 아니며, 만들어진 법률에 복종할 것을 가르치라는 사명을 받았다. 따라서 제자들은 시민 권력의 도움을 받지 않고서는 자신들의 글을 경전으로 만들 수 없었다.

제자들의 시대에 교회에서 일하는 사람들은 주로 예수님이 직접 선택하고 모은 사람들이었다. 그 뒤에 예수님을 따르는 사람들의 무리에서 교리를 내리고 조언을 하는 사람 중 가장 연장자를 주교라고 불렀다. 이들 역시 교리를 퍼뜨리고 설득하는 권한만을 가졌다.

기독교인으로 개종한 뒤에 시민 주권자는 사제들을 임명할 권리를 갖는다. 왜냐하면 어떤 교리가 평화에 도움이 될 것인가를 판단할 권리는 시민 주권자에게 있기 때문이다. 심지어 이교도의 국가에서도 주권자의 허가를 받지 않고 합법적으로 국민을 가르칠 수 있는 사람이 있을 수 없기 때문에 (주권자는) 사제들을 임명할 수 있다. 왕이 개종하기 전에는 사제들을 선택할 권리가 교회에 있었지만 기독교 주권자가 들어서고 난 뒤에는 그 권리가 주권자에게 있다.

따라서 모든 기독교 국가에서 시민 주권자는 자신의 영토에서 교회의 최고 사제가 된다. 그리고 주권자의 사제로서의 권위는 신에게서 나오고, 다른 사제들의 권리는 시민 주권에서 나온다. 기독교 왕은 설교에 관한 권한만이 아니라 세례 의식이나 종교 행사에 관한 권한도 갖는다. 기독교 주권자는 정치적 권리와 교회의 권리를 통합하고 정치와 종교 두 가지 모두에서 사람들의 외적인 행위를 다스리기 위해 자신의 국민에게 행사할 수 있는 모든 형태의 권력을 갖는다. 인간은 두 주인을 섬길 수 없다. 세속적인 권력과 영적인 권력의 구분은 말의 구분에 지나지 않는다.

그렇지만 로마의 교황은 이런 보편적 권력에 도전하려 했고 특히 벨라르미노(Bellarmino) 추기경이 지은 《교황론(De Summo Pontifice)》이 교황의 이런 논리를 잘 보여 준다. 나는 그의 이론을 짧게 검토하려한다. 정리하면 추기경의 주장은 다음과 같이 반박될 수 있다.

첫째, 시민 권력은 영적인 권력에 종속된다. 즉 영적인 최고 권력은 세속의 군주에게 명령할 권리를 갖는다. 그리고 모든 조직에서 구성원들은 서로 의존하는데, 영적인 것은 세속적인 것에 의존하지 않지만 세속적인 것은 영적인 것에 의존하므로 세속적인 것이 영적인 것에 종속된다.

그러나 여러 개의 교회로 이루어진 하나의 나라, 예를 들어 프랑스, 스페인, 베네치아 같은 나라가 존재하고, 이들 나라에서 결혼하려는 국민들은 교회가 아니라 국가의 혼인 주권자에게만 의지한다. 주권자에게 공통으로 의지하지 않는다면 어느 사람도 서로 결합되지 못한다.

둘째, 그 자체로 완전하고 충분하다고 여겨지는 국가는 자신에게 복종하지 않는 다른 국가들에게 명령할 수 있고 정부의 통치 체제를 바꿀 수 있다. 즉 어떤 국가가 영적인 선함을 지킬 수 없을 때 군주를 폐위하고 다른 사람을 세울 수 있다.

그러나 영적인 국가는 신의 왕국과 같은 말이기 때문에 그것은 이 세상에 존재하지 않는다.

셋째, 이교도 국왕이 기독교인들을 이교도로 개종시키려고 할 경우 기독교인이 그 왕을 관용하는 것은 합법적이지 않다. 왕이 자신의 국민을 이단으로 만드는지 아닌지를 판단할 권한은 교황에게 있다. 그러므로 왕이 정당하게 계승했는지 찬탈했는지를 판단하는 것은 교황의 권리다.

그러나 국민들의 이단 여부를 판단할 심판관은 시민 주권자 외에 존재하지 않는다. 이단이란 국가의 대표자가 가르치도록 명령한 것에 저항하는 사적인 의견에 불과하기 때문이다.

인간이 천상의 왕국에 들어가기 위해 필요한 것들

기독교 국가에서 선동과 내전을 일으킬 때 가장 자주 사용되는 구실은 신의 명령과 인간의 명령이 서로 모순될 때 신과 인간에게 동시에 복종하는 것이 어렵다는 것이다. 그리고 사람들이 신의 이름으로 명령을 받았을 때 그 명령이 신에게서 직접 나온 것인지, 아니면 명령하는 사람이 자신의 개인적인 목적을 위해 신의 이름을 악용하는 것인지를 알기 어렵다는 것이다.

그런데 구원을 위해 무엇이 필요하고 무엇이 필요하지 않은지를 분별하는 사람들에게는 그런 차이의 구별이 어렵지 않다. 구원에 필요한 모든 것은 예수님에 대한 신앙과 법에 대한 복종이라는 두 가지 덕목 안에 포함되어 있다. 천상의 왕국은 죄를 지은 자에게 닫혀 있다. 법에 복종하지 않는 자나 법을 어기는 자는 구원받지 못한다.

신이 우리에게 준 율법은 무엇인가? 예수님은 우리에게 새로운 법을 준 것이 아니라 복종해야 할 법을 주었다. 말하자면 예수님은 우리에게 자연법과 여러 주권자들의 법에 복종하라고 권유한 것이다. 따라서 새로운 율법의 핵심은 우리가 신앙을 버리면 안 된다는 점, 우리가 서로의 계약으로 세운 시민 주권자들에게 복종해야 한다는 점에 있다. 시민법을 따르라는 이 신의 율법은 모든 성경의 계율을 따르라는 것을 의미한다. 즉 성경의 계율이란 다름 아닌 시민 주권자가 사람들의 복종을 위해 제정한 유일한 법이며, 또 다른 경우에 있어 인간이 정의롭지 않은 것에 대해서는 복종하지 말라는 충고다.

구원에 필요한 것이 무엇인가를 밝혔으므로, 신에 대한 복종과 시민 주권자에 대한 복종을 조화시키는 것은 어렵지 않다. 만일 시민 주권자가 기독교인이라면 그는 '예수님이 구세주다.'라는 조항을 허용할 것이므로, 그것에 복종하면 된다. 만일 주권자가 이교도일 경우 그에게 저항하는 모든 국민은 자연법과 같은 신의 법을 위반하는 죄를 짓는 것이고, 기독교인들은 자신의 군주에게 복종하라고 권하는 사제들의 권유를 거부하는 것이다.

10. 성경을 왜곡하는 스콜라 학파와 성직자들

    제10장은 《리바이어던》의 제4부 어둠의 왕국을 하나의 장으로 묶은 것이다. 여기서 이성이 빛이라면, 어둠은 잘못된 해석이나 이론을 상징한다. 현실 세계에는 빛과 어둠이 뒤섞여 있다. 홉스는 당시 영국의 교회 역시 결코 빛의 왕국이나 신의 왕국이 될 수 없으며 어둠의 왕국과 겹쳐져 있다고 확신했다. 다시 말해 영국 교회는 무오류의 절대적인 진리를 대변할 수 없다고 생각한 것이다. 특히 여기서 홉스는 영혼의 불멸성을 주장하는 신학자들이나 아리스토텔레스의 이론을 받아들이는 학자들이 어둠을 조장하고 있다고 비판한다.

    홉스는 성경을 잘못 해석하고 이교도의 풍습과 종교를 받아들이며 허황되고 공허한 논리를 펼치는 스콜라 철학이 사람들을 잘못된 길로 이끈다고 주장한다. 그리고 그것에서 이득을 취하는 세력은 다름 아닌 로마 가톨릭 교회라고 지적하며 가톨릭의 신학 이론에 직격탄을 날린다.

성경의 잘못된 해석으로 인한 영혼의 어두움

    성경에는 지금까지 내가 다룬 신의 권력이나 인간의 권력 외에 또 다른 권력, 즉 이 세계에 대한 어둠의 지배, 사탄의 왕국, 악마들을 지배하는 마왕의 왕국에 관한 내용이 나온다. 성경에 따르면 어둠의 왕국은 현실의 세계에서 어둡고 잘못된 교리로 사람들을 지배하는 사기꾼들의 동맹, 즉 신의 왕국이 오는 것을 막는 이론에 불과하다.

아직까지 교회는 이 어둠에서 완전히 자유롭지 않고 사탄의 왕국은 주 예수님을 믿는 사람들 사이에도 자리를 잡고 있다. 따라서 교회가 모든 빛을 누린다고 주장할 수 없으며 그런 의미에서 우리는 여전히 어둠 속에 있다.

영혼의 어두움은 네 가지 원인 때문에 생긴다. 그 첫째는 성경에서 말하는 빛을 악용하거나 없애는 것이고, 둘째는 이교도 시인의 악마 신앙을 수용하는 것, 셋째는 그리스 철학, 특히 아리스토텔레스 철학과 성경의 내용을 혼동하는 것, 넷째는 잘못되거나 불확실한 전통 또는 거짓되거나 불확실한 역사를 받아들이는 것이다.

신의 왕국은 현재의 교회나 지금 기독교인들이 살고 있는 곳, 혹은 최후 심판의 날에 부활하는 죽은 자들의 세계가 아니다. 따라서 신의 왕국은 아직 세워지지 않았고 지금 우리는 계약에 의해 선출된 다른 왕, 즉 시민 주권자의 통치를 받고 있다. 그런데도 현재의 교황이나 사제, 성직자들은 교회와 신의 왕국을 동일시하고 시민법과 교회법의 차이를 깨닫지 못하고 있다. 그러므로 교황의 교회 권력은 시민 권력을 침해하지 않아야 한다.

그리고 교회의 축복 의식은 주술과 구별되어야 한다. 축복 의식은 신에게 바치기 위해 어떤 사람이나 사물을 일상적인 사용법과 달리 신성하게 만드는 것이다. 그렇지만 축복 의식에서 사물의 사용법이 달라진다 해도 그 속성이 바뀌는 것은 아니다. 만약 사물의 속성이 변한 것으로 가장한다면 그것은 축복 의식이 아니라 허황되고 불경한 주술이다. 예를 들어 사제가 빵과 포도주를 바치며 이것이 주 예수의 육신이요, 그의 피라고 말하더라도 그 사물의 성분이 변하는 것은 아니다.

마찬가지로 '영원한 삶'과 '끝없는 죽음'이라는 말을 인간의 본질적인 영원성, 영혼의 불멸성을 가리킨다고 보면 안 된다. 인간은 육체와 영혼이 결합되었을 때, 즉 육체가 살아 있을 때만 존재할 수 있다. 그런데 오랫동안 그리고 현재까지도 이 교리는 영혼이 그렇듯 모든 사람이 본질적으로 영원한 삶을 가졌다고 받아들여지고 있다. 이것은 영혼의 속죄와 악령 쫓기, 성인의 주문 같은 영원성을 강조하는 잘못된 교리에서 비롯된 것이다.

어떤 경우든 신의 왕국이 심판의 날로부터 시작된다는 점은 분명하다. 그날에 믿음을 가진 자들은 영광되고 영적인 육체로 거듭나고 신의 왕국의 백성이 될 것이다. 그리고 신에게 버림받은 자들은 그 죄의 값을 치를 것이다.

성경은 너무 심오해서 인간의 짧은 머리로는 이해하기 어렵다. 따라서 성경을 이해하려면 우리는 단어 하나만 고려하면 안 되고 앞의 말과 뒤의 말을 함께 연결해서 생각해야 하며, 어떤 문장이나 발언

자의 의도를 넘어서는 한이 있더라도 문법적인 의미까지 벗어나서
는 안 된다.

이교도의 종교적 풍습에서 온 귀신 이론

귀신이란 무엇인가? 귀신은 눈에 보이지 않는, 육체나 형체가 없
는 사물이다. 이들은 사람에게 이로움이나 해로움을 주는 강력한 힘
을 갖고 있다. 그래서 이교도 국가의 지배자들은 사람들의 공포심을
통제해서 공공의 안녕과 국민의 복종을 이끌어 내기 위한 귀신 이론
을 만들었다. 맨 처음 그리스에서 만들어진 이 귀신 이론은 그들이
지배했던 아시아, 이집트, 이탈리아 등지로 퍼졌다. 유대인들도 이
런 귀신 이론에 영향을 받았는데 유대인들은 귀신이라는 이름을 선
한 정령과 악한 정령 모두에게 붙이지 않고 악한 정령에게만 붙였
다. 즉 선한 귀신은 신의 정령으로 불렸고 악한 귀신은 악마로 불렸
다. 그리고 유대인들은 악마에 사로잡힌 사람을 미치광이나 정신병
자라 불렀다.

그러나 악마가 몸 안에 들어왔다는 생각은 사악한 생각이라고, 즉
기독교와 경쟁하는 종교의 계획이라고 이해해야 한다. 예수님의 제
자인 유다가 악의적인 계획을 갖기 전부터 악마가 유다 속에 들어와

있었다고 말하기는 어렵기 때문이다. 마찬가지로 그가 처음부터 마음속으로 예수의 적이 되려 했고, 후에 악마가 외부로부터 유다 속으로 들어왔다고 말하는 것도 적절하지 않다. 그러므로 악마가 들어왔다는 것과 사악한 음모를 꾸몄다는 것은 같은 일이다.

그리고 알아보기 어렵고 눈으로 볼 수 없지만 형체를 가진 영령이 존재할 수는 있다. 그러나 이것은 어떤 인간의 육체가 그 영령에게 사로잡힌다거나 그 육체에 영령이 산다는 의미는 아니다. 그것은 성인의 육체가 그렇게 되는 것, 즉 영적인 육체가 되는 것을 뜻할 뿐이다. 국가와 마찬가지로 한 육체 내에 두 개의 영혼이 살 수는 없다.

이교도주의의 또 다른 풍습은 우상숭배다. 만약 사람들이 우상을 숭배하도록 허락을 받는다면 더 이상 참된 신에게 의지하지 않을 것이다. 이것은 다른 왕에게 복종하기 위해 현재의 왕을 물러나게 하는 것과 같은 행동이기 때문이다.

왕이나 권위를 가진 사람을 존경하는 것은 공적인 숭배고 신을 숭배하는 것은 종교적인 숭배다. 그런데 주권자가 임명한 사제에 의해서가 아니라 개인적으로 의식을 수행하는 것은 우상숭배다.

또한 어떤 우상이나 생명체 등을 숭배하는 것을 자신의 기도나 신앙을 통해 보고 들으며 믿고 있는 것이라는 주장도 우상숭배다. 성인이 죽고 난 뒤 그를 존경하는 것은 좋지만 그에게 인간의 힘 이상의 능력을 부여하는 것 역시 우상숭배라 할 수 있다.

허황된 철학과 황당한 전통이 만드는 어두움

　인간의 추리력을 통해 얻게 되는 지식인 철학은 어떤 사물의 근원에서 사물의 고유한 속성을 추리하고, 그 속성에서 동일한 사물을 낳을 수 있는 방법을 추리하며, 궁극적으로는 그 과정을 통해 인간의 삶에 영향을 미치는 학문이다. 이 정의에 따르면 신중한 판단력은 철학이 아니다. 최초의 지식은 경험에서 생기고 신중한 판단력을 필요로 하지만, 신중한 판단력은 인간만이 아니라 야생 동물에게서도 발견될 수 있는 능력이므로 추리와는 다르다. 또한 자신이 이해한 것에서 모든 것이 옳다고 주장하는 거짓된 교리도 철학이 아니며 초자연적인 계시나 작가의 명성을 따르는 것도 철학이 아니다.

　철학은 국가가 세워지고 생활필수품들이 충족되어 여유가 생길 때에야 가능하다. 그래서 여가는 철학의 어머니다. 그리고 국가는 평화와 여가의 어머니다. 고대 아테네의 철학 학파들은 자신들의 의견들을 가르치고 논쟁하는 데 여가 시간을 썼다. 그리고 그런 가르침과 논쟁의 장소를 여가를 의미하는 '스콜라(schola)'라고 불렀다. 유대인들도 학교를 세웠는데, 그곳에서는 법률을 가르쳤으며 그 장소는 예배를 보는 곳이었다. 유대인들은 자신들의 법률을 철학으로 만들었다.

　그러나 우리는 모든 자연 과학의 모태인 기하학을 스콜라 철학에

빚지지 않았다. 스콜라 학파의 자연 철학은 학문이 아닌 몽상이었고, 의미 없고 무의미한 논의들만 일삼았다. 그들의 도덕 철학은 자신들의 감정을 묘사하는 것에 불과했고 논리학은 어려운 질문으로 상대를 괴롭히는 발명품에 불과했다.

오늘날 종교의 모든 오류는 아리스토텔레스의 형이상학에서 생겼다. 허황된 철학의 뿌리는 대학과 교회며 그것은 아리스토텔레스, 그리고 이해력의 무지 때문에 자라났다. 형이상학은 개념들의 체계와 초자연적인 철학을 동시에 의미한다. 따라서 자연 이성과 어울리지 않는 것이 포함될 가능성은 컸다.

이 형이상학이 성경과 뒤섞이면서 추상적인 본질, 실재의 형식이라 불리는 개념을 만들었다. 예를 들어 '인간은 살아 있는 신체다.'라고 말할 때, 인간과 살아 있는 신체는 다른 개념이 아니라 같은 개념이다. 그런데 아리스토텔레스의 허황된 철학은 분리된 본질이라는 이론을 설파한다. 그 철학은 영혼이 신체와 분리될 수 있고 때때로 지혜와 신앙 같은 덕성이 하늘에서 내려와 사람의 몸으로 스며든다고 이야기하기도 한다. 이것이 바로 교회와 결합된 거짓된 철학이다. 신체와 분리된, 형상을 갖지 않는 영혼이란 거짓된 개념일 뿐이다. 그리고 그들은 어떻게 형상을 갖지 않는 실체가 지옥의 불이나 속죄의 불에서 고통을 당하는지를, 어떻게 그 불이 영혼을 불태울 수 있는지를 설명하지 못한다. 영혼의 스며듦, 모든 곳에 존재하는 유령이란 말도 마찬가지다.

특히 아리스토텔레스와 이교도 철학자들은 선과 악을 인간의 욕망으로 정의한다. 인간은 자신의 욕망 외에 다른 법칙을 갖지 않는다. 그러나 이런 사상은 국가에 관해서는 거짓이다. 국가의 의지와 욕망은 개인의 욕망이 아니라 법이기 때문이다. 그런데도 사람이 자기 자신이나 다른 사람의 선과 악을 판단한다는 이론은 여전히 힘을 발휘하고 있다. 그리고 결혼이 순결함이나 금욕에 반대되고 결국 사람들의 도덕을 악하게 만든다고 말하는 허황되고 거짓된 철학이 통용되고 있다.

또한 아리스토텔레스의 사회 철학은 대중이 세운 모든 국가를 폭군 정부라고 주장한다. 그들은 모든 왕을 폭군이라고 부른다. 그러나 폭군의 원뜻은 군주일 뿐이다. 그들은 자신보다 뛰어난 사람에게 사악한 이름을 붙였기 때문에 정부가 없으면 전쟁이 영원할 수밖에 없다는 점을 알지 못했다. 잘 만들어진 국가는 사람이 지배하는 것이 아니라 법이 지배한다.

이들의 사회 철학이 범한 또 다른 오류는 법을 해석하는 힘을 인간의 사상과 양심 자체로 확대한 점이다. 더구나 이것은 아리스토텔레스나 키케로에게서 배운 것이 아니다. 국가의 권위 없이, 즉 법을 해석하는 대표의 허가 없이 개인이 자신의 생각대로 법을 해석하도록 하는 것은 정치학에서의 또 다른 오류다.

그런데도 신학부의 박사들은 이런 허황된 철학을 종교로 끌어들였다. 그리고 이것 외에 거짓되거나 불확실한 역사, 허황된 기적의 전설, 성인의 삶에서도 철학이 생겨났다.

그런 어둠에서 생기는 이득과 그 이득을 취하는 사람들

지금 지상에서 싸우는 교회가 신의 왕국이라는 주장은 로마 교회가 맨 처음 가르쳤다. 이런 주장에는 세속적인 이득이 따르는데, 교회의 사제와 설교자는 신의 공적인 대행자로서 교회를 통치할 권리를 갖게 되고 국가의 지배자가 될 권리를 갖는다. 그리고 주교들이 자신의 권리를 정치적 지배자가 아니라 교황에게서 받았다고 주장할 수 있기 때문에, 교황은 자신이 원하는 바를 따르지 않는 국가에서 내란을 일으킬 수 있었다. 또한 주교와 사제들은 시민법의 규제에서 제외되고 교황 이외의 다른 어떤 사람도 두려워하지 않게 되었다.

더구나 결혼의 합법성을 성직자들에게 판단하도록 함으로써 그들은 왕국의 계승권을 판정할 수 있으며, 순교자를 선언하거나 악령을 이용해서 사람들이 자신들의 권력에 두려움을 갖도록 한다. 그리고 교황이 세우고 관리하는 대학은 아리스토텔레스의 형이상학, 윤리학, 정치학, 스콜라 학자들의 어리석은 성품, 야만적인 용어, 애매한 말을 가르쳐서 공허한 철학의 도깨비불을 복음의 빛으로 착각하게 만든다. 교회에서 공적인 행사를 할 때 사용하는 언어도 라틴어인데 그것은 오늘날 어떤 나라에서도 사용되고 있지 않으니 낡은 로마 언어의 유령일 뿐이다.

따라서 우리는 사람들에게 교황과 로마의 성직자, 지상의 교회가 신의 왕국이라는 교리를 전파하는 모든 자들이 이 영적인 어둠의 장본인이자 그로부터 이득을 취하는 자들이라고 주장할 수 있다.

이상으로 나는 시민 정부와 교회 정부에 대한 논의를 마치려 한다. 나는 현 시기의 혼란 때문에 이 책을 쓰게 되었고, 보호와 복종의 상호 관계를 제시하려는 것 외에 다른 의도를 갖지 않았다. 이 관계는 인간 본성의 조건과 신의 법인 자연법과 실정법 모두를 지킬 것을 요구한다. 심지어 나는 혁명의 순간에도 이런 점이 지켜져야 한다고 생각한다.

《리바이어던》,
인민 주권의 가면을 쓴 근대의 프랑켄슈타인

    홉스의 삶과 사상은 겉으로 보면 모순되는 두 측면을 갖고 있다. 그는 근대 철학과 근대 정치학, 즉 경험론과 사회계약론의 문을 연 사상가로 불리지만 그가 열렬히 옹호한 것은 민주정이 아니라 군주정이었다. 더구나 홉스는 귀족 가문에서 오랫동안 가정교사를 하며 살았음에도 귀족정이 아닌 군주정을 지지했다. 또 홉스는 이성적이고 과학적인 증명을 자신의 방법론으로 삼고 신학자와 사제들을 비판했으면서도 실제로는 성경에 나오는 바다 괴물의 이름을 빌려 책의 제목을 지었다.

    이렇듯 그의 삶과 사상은 때때로 모순을 보였지만 사실 홉스의 이론은 언제나 한결같았다. 그는 사회를 구성하는 가장 기본 단위인 개인과 그 개인의 안전에 대한 욕구에서 권력과 국가의 정당성을 끌어내려 했고, 국민에게 일방적으로 복종만 강요한 것이 아니라 복종해야 하는 이유와 의미를 분명히 밝히려 했다. 홉스는 군주에게 모든 권력을 집중시키고 국민은 그에 대해 무조건적으로 복종해야 한다고 주장했으나 그것은 군주에게 잘 보이기 위해서가 아니라 개인의 안전과 행복을 보장하기 위한 하나의 방편이었다. 뿐만 아니라 홉스는 당시 신분 질서 속에서 특권을 누리던 귀족들을 일반 시민과 동등한 개인으로 만들었다. 즉 주권자를 제외하면 모두가 법 앞에 평등한 시민이었다. 이처럼 홉스는 신분 질서에 바탕을 둔 과거의 사회적 유산들을 청산하고 개인이 자유롭게 행복을 추구하는 근대 시민 사회의 문을 활짝 열고자 했다.

유물론자인 홉스는 우선 리바이어던이라는 국가를 인간의 신체와 똑같은 구조를 가진 인격체로 보고 그것을 정교하게 설계하고자 했다. 홉스는 《리바이어던》의 서문에서 리바이어던을 "인공적으로 만들어진 사람"이라 불렀다. 이 말처럼 리바이어던은 추상적인 정치 이념으로서가 아니라 살아 움직이는 한 명의 인간으로 설계되었다. 즉 "정치 공동체의 주권은 인공적으로 만들어진 영혼이고, 장관이나 사법부, 행정부의 공무원들은 인공적으로 만들어진 관절이며, 보상과 처벌은 모든 관절과 구성원을 그 주권에 묶어서 의무를 다하게 하는 신경이다. 개개 구성원 모두의 부와 재산은 국력(인체에 비유하면 체력과 동일함)이다. 따라서 국민의 안전이 국가의 일이고, 판단에 필요한 모든 것을 제안하는 자문 위원회는 국가의 기억이며, 공정함과 법은 인공적으로 만들어진 이성과 의지다. 화합은 건강이고 반란은 질병이며 내전은 죽음이다." 그렇기 때문에 홉스는 건강한 국가는 국민의 부와 재산을 늘리고 처벌과 보상으로 국가의 각 부분을 잘 조절해야 한다고 보았다. 그러므로 리바이어던은 추상적인 도덕이나 신앙이 아닌 구체적이고 물질적인 힘과 이해관계에 따라 움직이는 조직체를 의미했다. 이렇듯 홉스는 근대 국가의 원형을 리바이어던이라고 이름 짓고, 중세의 암흑을 벗어난 새로운 세상, 과학과 이성에 바탕을 둔 근대 시민 사회를 가장 이상적인 것으로 보았다.

1. 혁명의 시대를 살아간 홉스

홉스가 살았던 17세기 영국은 중세의 봉건 질서가 해체되고 도시를 중심으로 상공업이 발달하면서 자본주의 사회가 태동하고 있었다. 자연히 과거의 권력인 왕과 귀족들, 대지주와 새롭게 떠오르던 상공업 계층, 자영 농민 등이 한데 섞여 사회적 갈등이 생겨났다. 또 이런 사회적 갈등뿐 아니라 영국 국교회와 종교 개혁의 분파 가운데 하나인 청교도, 그리고 가톨릭교도가 대립하면서 종교적 갈등까지 격화되고 있었다.

이러한 상황에서 국왕 찰스 1세는 의회와 대립하며 절대 왕권의 강화를 추구했고 청교도들을 강력하게 탄압했다. 이에 상공업의 자유와 종교의 자유, 의회의 강화를 주장하는 세력들이 왕권을 반대하며 결집했다. 의회와 찰스 1세의 극한 대립은 결국 1642년 8월의 제1차 내전을 불러왔다. 의회파는 초기에 수세에 몰렸지만 크롬웰(Oliver Cromwell)이 등장하면서 전세가 역전됐고, 1646년 8월에 찰스 1세는 의회에 백기를 들었다.

그러나 혼란은 그렇게 쉽게 수습되지 않았다. 왕이 굴복하자 의회파 내부의 분열이 심해졌고, 기회를 노리던 찰스 1세가 스코틀랜드와 동맹을 맺고 반격을 개시해 1648년 5월에 제2차 내전이 터졌다. 이후 의회파가 다시 뭉쳐 1648년 8월에 찰스 1세를 체포했고, 크롬웰은 1649년 1월 찰스 1세를 처형한다. 그리고 영국에서는 공화국이 선포됐다. 이를 일컬어 '청교도 혁명'이라 한다. 홉스는 바로 이러한 혼란과 혁명의 시대를 살았다.

어찌 보면 홉스의 출생부터가 이 모든 혼란과 공포를 증명한다. 홉스는 1588년 4월 5일, 영국 서남부 맘스베리 근처의 작은 마을인 웨스트포트에서 태어났다. 당시 영국은 스페인과 심하게 갈등하고 있었고 스페인의 무적함대 아마다가 영국을 침공할 것이라는 소문이 떠돌기도 했다. 무적함대의 침공 소식은 영국인들에게 엄청난 공포감을 줬고, 홉스의 어머니도 깜짝 놀라 칠삭둥이를 낳았다. 이 칠

삭둥이가 바로 홉스였다. 그가 평생 연구 주제로 삼았던 인간의 공포는 이렇듯 태어날 때부터 자신의 삶에 깊이 각인되어 있었는지도 모른다. 실제로 홉스는 라틴어로 쓴 자서전에서 어머니가 쌍둥이를 낳았는데, 그 쌍둥이가 바로 자신과 공포라고 밝힌 바 있다.

홉스의 아버지는 목사로 일했는데, 교회 일보다 카드놀이를 더 좋아했고 결국 홉스가 12살 되던 해 교회에서 파면되어 가족을 버리고 떠났다. 이때부터 홉스는 아버지 없이 삼촌의 도움을 받으며 학교에 다녔다. 그래서인지 당시의 관습과 달리 홉스의 이론에서는 아버지나 가부장 제도를 옹호하는 발언이 잘 보이지 않는다. 그리스어와 라틴어에 뛰어난 소질을 보였던 홉스는 15살의 나이에 옥스퍼드 대학에 입학했는데, 그는 근대 과학을 가르치지 않고 고전만 강조하는 대학 교육에 강한 불만을 품었다. 대학 교육의 이러한 편향적인 문제는 뒤에 홉스가 대학을 강하게 비판하는 동기가 되었다.

1608년에 대학을 졸업한 홉스는 학장의 추천으로 카벤디쉬 (Cavendish) 가문의 가정교사로 일을 시작했다. 이때부터 홉스와 카벤디쉬 가문의 인연은 그가 죽을 때까지 계속 이어진다. 홉스는 이 가문 덕택에 생계를 유지했을 뿐 아니라 귀족들과 교류하며 현실 정치에 대한 감각을 기를 수 있었다. 그리고 제자인 윌리엄 카벤디쉬 (나중에 디본셔 백작이 되었음)와 함께 유럽 여행을 다니며 당대의 지식인들과도 교류할 수 있었다. 또 그의 추천으로 당대의 유명한 철학자 프랜시스 베이컨(Francis Bacon)의 개인 비서로 일하며 베이컨의 영어 논문을 라틴어로 번역하는 일을 맡기도 했다.

홉스는 고대 그리스 역사학자인 투키디데스(Thucydides)를 좋아했고 그의 《펠로폰네소스 전쟁사》를 번역해 출판하기도 했다. 민회의 탄핵을 받아 20년 동안 외국에서 떠돌아야 했던 투키디데스는 대중을 신뢰하지 않았고 민주주의를 부정했다. 이런 투키디데스의 사상은 그를 좋아했던 홉스에게도 영향을 미쳤다.

1629년에 첫 번째 제자인 윌리엄이 죽자 홉스는 잠시 클리프톤(Gervase Clifton) 경의 아들을 가르치며 두 번째 유럽 여행을 떠나 파리에서 살았다. 이때 홉스는 유클리드 기하학을 접하고는 그 매력에 빠졌고, 기하학의 원리를 자신의 중요한 방법론으로 삼기 시작했다. 피타고라스의 정리처럼 기하학은 가장 단순하고 기본적인 원리에서 출발해 점차 복잡한 명제를 구성해 나갔고 분명하게 증명되는 사실만을 받아들였다. 홉스는 이런 기하학의 명확한 논리성을 인정했고 인간 세상의 움직임 역시 수학적인 논리 방식처럼 증명되어야 한다고 믿었다.

1634년에 다시 카벤디쉬 가문으로 돌아온 홉스는 세 번째로 유럽 여행을 떠났고 파리에서 데카르트와 사귀게 되었다. 그러나 홉스와 데카르트는 서로 철학적인 입장이 달라 긴밀한 관계를 유지하지는 않았던 것으로 보인다. 1636년에는 피렌체를 방문해 갈릴레이와 만났고 홉스는 그의 과학적 방법론을 자신의 사회 철학에 적용하겠다는 원대한 계획, 즉 자연적인 물체와 사람의 신체, 인공적인 사회 조직이 하나의 유기적인 연관을 갖고 있음을 증명하는 글을 쓰겠다는 계획을 세웠다. 이런 학자들과의 만남에서도 알 수 있듯 홉스의 사회 철학은 당대의 가장 선구적인 철학과 과학의 흐름을 수용했다. 그리고 홉스는 책상머리에 앉아 머리로만 구상하지 않고 여러 차례의 여행과 치열한 토론을 통해 철학의 틀을 잡아 갔다.

1640년 4월 13일에 소집된 의회가 5월 5일에 해산되는 등 영국의 정치 상황은 내전을 향해 치닫고 있었다(내전은 1642년에 시작되었음). 신변의 위협을 느낀 홉스는 개인의 안전을 가장 중요하게 여겼던 사상가답게 재빨리 프랑스로 망명했다. 그 뒤 홉스는 11년 동안 프랑스에 머물면서 다른 학자들과 토론하고 책을 쓰며 시간을 보냈다.

1642년에 파리에서 출판된 《시민론(De Cive)》은 그 대표적인 성과물이다. 《리바이어던》의 사전 작업 형식이라고 볼 수 있는 《시민론》은 자연법과 군주의 주권에 대해 다룬 책인데, 홉스는 이 저작에서 국가는 국민의 계약으로 세워진 것이며 일단 국가가 세워진 뒤에는 국민이 국가에 무조건 복종해야 한다는 《리바이어던》의 논리를 미리 제시했다. 그리고 1647년에는 잠깐 동안 뒤에 찰스 2세가 된 영국의 황태자에게 수학을 가르치기도 했다(1649년 찰스 2세의 아버지인 찰스 1세가 처형당하고 영국은 공화국이 되었음).

1651년 5월에 드디어 《리바이어던》이 런던에서 출판되었고, 1652년 2월 홉스는 긴 망명 생활을 청산하고 영국으로 돌아왔다. 1655년에는 나중에 《시민론》, 《인간론(De Homine)》과 함께 3부작으로 불린 《물체론(De Corpore)》을 출판했다. 영국으로 돌아온 홉스는 당시 영국의 주교인 브럼홀(John Bramhall)과 인간의 의지와 자유, 자유와 필연성 문제에 관해 논쟁을 벌였을 뿐만 아니라 수학자인 월리스(Wallis)와도 여러 차례 논쟁을 벌였다. 이런 일들로 홉스는 종교를 부정하고 인간을 사악한 존재로 만들며 권력을 가진 자를 정당화시킨다는 악평을 받게 되었고, 이후 그를 비판하는 글들이 봇물처럼 쏟아지게 된다. 심지어 그의 이름을 악의적으로 조롱한 호비즘(Hobbism)이라는 말이 유행할 정도였다.

1660년, 스튜어트 왕조가 다시 집권하면서 영국에는 왕정이 부활했고 한때 홉스가 가르쳤던 찰스 2세가 왕이 되었다. 1668년 홉스는 영국 내전에 관한 《비히모스 또는 장기 의회(Behemoth or The Long Parliament)》라는 책을 썼는데, 이 책은 찰스 2세가 출판을 금지시킨 관계로 홉스가 죽고 난 뒤인 1682년에야 발간되었다.

1675년 홉스는 은퇴하여 자신의 제자였던 3대 디본셔 백작과 함께 살며 호메로스의 《일리아스》와 《오디세이아》를 영어로 번역해 출판하기도 했다. 그로부터 얼마 지나지 않은 1679년 12월 4일 그는 91세의 나이로 삶을 마감했고, 일생 동안 몸담았던 카벤디쉬 가문의 묘지에 묻혔다. 홉스가 죽은 뒤에도 그에 대한 비난의 화살은 끊이지 않았고, 심지어 1683년에는 모교인 옥스퍼드 대학이 그를 비난하며 그가 쓴 책들을 불태움으로써 이미 죽은 동문을 다시 죽이는 일마저 있었다. 그러나 근대 시민 사회가 성장하고 사회계약 이론이 자리 잡으면서 홉스의 사상은 다시 조명되었고, 그는 오늘날까지 가장 주목받는 근대의 사상가로 남아 있다.

2. 홉스의 주요 사상

1) 개인주의와 계산하는 이성

홉스의 《리바이어던》은 다른 학자들에게 많은 비판과 오해를 받아 왔다. 그중 가장 대표적인 것이 홉스가 리바이어던이라는 절대 권력을 정당화하기 위해 인간의 본질을 왜곡시켰다는 주장이다. 특히 그가 '만인에 대한 만인의 투쟁'이라 묘사한 처절한 자연 상태는 역사적인 사실이 아니라 자신이 논리적으로 추론해 구성한 허구적 상황이며, 인간이 다른 인간을 도와주기는커녕 서로 해치기 위해 노력한다는 의견 역시 그가 인간의 속성을 총체적으로 파악하지 못했다는 비판을 낳았다.

그러나 그런 비판은 홉스가 자연 상태를 언급하게 된 이유를 잘못 파악해서 생긴 주장들이다. 홉스는 리바이어던을 정당화하기 위해 일부러 그런 자연 상태를 가정한 것이 아니었다. 그는 인간의 정념과 욕망을 논리적으로 추적하는 과정에서 자연스럽게 그런 자연 상태와 맞닥뜨리게 되었고 그 비극적인 상황을 피하기 위해 리바이어던이라는 절대 권력을 현실로 소환했던 것이다. 그리고 실제로 홉스가 살았던 혼란의 시대는 그러한 자연 상태와 많이 닮아 있었다.

홉스는 "인간은 다른 인간에게 늑대다(Homo homini lupus)."라고 말했다. 하지만 홉스는 성선설이나 성악설처럼 인간의 본성이 선한가 아니면 악한가라는 윤리적 질문을 던진 것이 아니다. 홉스는 추상적인 윤리를 구체적인 인간의 삶에 적용하지 않았다. 홉스는 인간이 동물처럼 너무 본능적이라 늑대와 닮았다고 이야기한 것이 아니며, 오히려 인간이 다른 사람을 늑대처럼 공격하는 것은 본능이나 감정 때문이 아니라 인간의 가장 탁월한 능력인 이성 때문이라고 생각했다. 인간은 자신의 이득을 냉철하게 계산할 수 있는 덕분에 먼저 다른 사람을 공격하거나 속이거나 집단 폭행을 한다. 홉스는 이런 인간의 공격적인 성향은 단순히 교육이나 훈련만으로 조절될 수 없다고 본 것이다.

쾌락을 쫓고 고통을 피하려는 인간은 자신의 목숨과 이익을 가장 중요하게 생각하기 때문에 다른 사람과 전쟁을 벌일 수밖에 없다. 더구나 인간의 힘에 대한 욕망은 그것을 가로막는 차단막이 없을 경우 무한대로 증가한다. 따라서 리바이어던이라는 절대 권력이 개인의 이런 무한 욕망을 가로막을 때만 사회의 평화와 질서가 유지될 수 있다. 이처럼 홉스의 기본 전제는 절대 권력이 아닌 철저한 개인주의였다. 사실상 고대에는 공동체의 질서가 언제나 개인의 개성이나 이득보다 중요했고 개인은 자신이 속한 공동체에 의해서만 존재 가치를 가질 수 있었다. 고대 아테네의 철학자 소크라테스(Socrates)의 죽음처럼 공동체의 질서를 어지럽힐 경우 그 개인은 공동체에서 추방되거나 자신의 목숨을 바쳐야 했다. 마찬가지로 중세에는 신의 말씀이 인간을 옥죄었고 때때로 개인은 종교적인 신념을 위해 목숨을 바쳐야 했다.

그러나 홉스는 공동체나 신앙을 우선으로 여기던 이러한 경향을 완전히 뒤집어 놓았다. 그의 논리에 따르면, 개인의 이익이 무엇보다도 중요하며 다른 사람에게 목숨을 요구할 권리는 누구에게도 없다. 홉스는 절대 권력을 강조했지만 그 권력이 개인의 생명을 해칠 경우에는 저항하거나 권력을 속이거나 혹은 피할 수 있다는 점을 분명히 밝혔다. 국가라는 리바이어던 역시 개인들의 계약을 통해 세워진, 즉 국민의 목숨을 안전하게 지키고 이익을 보장하기 위해 마련된 도구에 불과하다. 홉스에게는 개인의 생존과 이익, 행복을 앞지르는 가치란 존재하지 않았다.

바로 이 점이 홉스를 절대 권력의 옹호자로서만 비판하기 어렵게 만든다. 단지 홉스가 절대 권력을 옹호했다는 이유만으로 그를 전체주의자로 비난할 수는 없다. 오히려 홉스는 인간을 옥죄던 과거의 사슬들, 즉 윤리적인 덕목이나 맹목적인 신앙으로부터 개인을 해방시켰고 개개인의 이해관계를 우선으로 하는 근대 사회의 근거를 마련했기 때문이다. 그래서 독일의 철학자 볼프강 케스팅(Wolfgang kcrsting)은 "리바이어던이 아무리 강력한 공포심을 조장한다 하더라도 우리의 정치, 문화에 뿌리내린 하나의 본보기로 따라야 할 규범적 개인주의가 홉스에 의해 전개된 개념이라는 점을 기억해야 한다."고 주장했다.

홉스에 대한 비판은 다른 관점에서 제기되어 왔다. 홉스가 인간의 이성이 담당하는 역할을 계산과 추리의 기능으로 제한한 점은 그 대표적인 것이라 할 수 있다. 그에게 이성의 역할은 개인의 욕망을 가장 효율적으로 달성하기 위한 도구 선택의 기능 이상이 아니다. 이런 식으로 이성의 역할을 효율적 도구로 제한하는 입장을 '도구적 이성론'이라 한다.

독일의 현대 철학자 하버마스(Jürgen Habermas)는 홉스가 이성을 도구적 역할로 좁게 해석했기 때문에 홉스의 이론이 약점을 갖게 되었다고 주장했다. 즉 홉스의 논리에 따르면, 국가를 세우기로 계약을 맺는 당사자들은 윤리적인 규범에 구애받지 않고 오로지 자신의 안전과 이득만을 계산하고 합의한다. 그런데 이런 논리만을 따를 경우, 현대 사회의 문제점으로 지적되는 무임승차자(free rider)나 님비

(NIMBY: not in my back yard) 현상을 해결할 수 없다. 즉 개인의 이득과 안전만을 강조하게 되면 국가의 보호를 받으면서도 자신의 의무는 다하지 않는 무임승차자나, 공적인 필요성은 인정하면서도 내 뒷마당, 내 지역에서만큼은 안 된다는 님비 현상에 대한 강력한 제재가 불가능하다. 이런 사람들은 자신에게 유리한 기회가 오면 언제든 계약을 깨려는 마음을 먹고 수동적 태도로 국가에 복종하는데 실질적으로 그것을 구별해 내기란 어려운 일이기 때문이다. 그래서 하버마스는 홉스의 이론이 "구속력 있는 규범과 타당한 도덕적 상징 기호에 들어 있는 의무로서의 의미를 놓치고 있다."라고 이야기한다. 말하자면 홉스는 도덕적인 규범을 완전히 배제시켜서 국가에 대한 자발적 복종의 근거를 도리어 약하게 만들었다는 것이다.

홉스는 개인의 안전과 이득을 지키기 위해 주권자에게 국민을 통제할 강력한 권한을 줄 수밖에 없었지만 자신의 이해관계만을 추구하는 사람들로부터 마음에서 우러나오는 복종심을 끌어내지는 못했다. 더구나 그는 자신의 목숨을 지키기 위해서라면 리바이어던의 명령마저도 어길 수 있다고 밝힘으로써 계약을 깨는 사람들이 자신을 합리화할 수 있는 여지를 남겨 놓았다.

또 이성은 단지 자신에게 유리한 수단을 선택하는 기능만이 아니라 타자와 서로 소통하는 기능도 갖고 있다. 그런데 홉스의 이론에는 그런 소통의 부분이 빠져 있다. 홉스에게 대화란 생각을 기록하고 자신의 욕망이나 사상을 다른 사람에게 드러내는 기능만을 담당한다. 그러나 대화는 자신을 드러내게 할 뿐 아니라 상대방과 소통하고 공감하며 개인의 취향이나 욕망을 변화시키는 계기를 만들기도 한다. 홉스는 힘에 대한 욕망이 언제나 인간의 가장 크고 중요한 욕망이라고 전제하는데, 인간은 때로 그런 욕망보다 공감이나 소통에 대한 욕망을 더 강하게 느낀다. 홉스는 언어의 기능을 주관적으로만 해석했기 때문에 그런 점에서 욕망이 가진 의사소통의 의미를 제대로 파악하지 못했다고 할 수 있다.

또한 홉스의 이론에서 개인은 폐쇄적이고 다른 사회적 관계와 완전히 분리된 고립된 존재라고 전제된다. 그에게는 부모와 자식도 철저한 개인 사이로 환원되어 보호와 복종의 관계로 변한다. 그러나 실제 세계에서 개인의 그런 철저한 고립과 분리는 불가능하며 인간은 다양한 사회적 관계 속에 자신을 드러내고 때로는 개인적 욕망을 스스로 억제하거나 조절하기도 한다.

따라서 홉스가 이야기하는 계산하는 이성의 소유자는 실제 인간이 아닌 그가 머리로 만들어 낸 기계적 인간일 뿐이다. 홉스에게는 인간을 똑같은 정념을 가진 동일한 존재로 바라보는 획일적 인간관만이 있다. 결국 그는 구체적인 인간의 욕망에서 자신의 생각을 끌어 왔지만 그것을 지나치게 단순화하고 획일화시키는 이론적 약점을 드러냈다.

2) 계약 이론과 권력의 정당성

홉스가 과거 시대의 유물인 태생적인 신분 질서를 지지하지 않았다는 점은 자연 상태에 관한 그의 주장에서 잘 드러난다. 홉스는 자연 상태에서는 모든 인간이 평등하다고 했다. 힘이 세거나 똑똑한 사람도 자기 혼자만의 힘으로는 목숨을 지킬 수 없다. 잠을 자고 있을 때 습격을 받을지도 모르며 누구나 나이를 먹기 때문에 지금 당장은 내가 다른 사람들을 지배할 수 있을지라도 그것이 영원하리란 보장은 없다. 이처럼 자연 상태에서는 누구나 자신의 절대적인 안전을 확보할 수 없기 때문에 죽음에 대한 공포로 몸을 떨어야 한다.

이런 공포 앞에서의 평등함은 고대나 중세의 신분 질서를 심각하게 위협하는 것이었다. 인간이라면 누구나 이성을 갖고 태어나며 개개인의 능력의 차이란 그다지 크지 않다는 홉스의 의견은, 신분은 태어나면서부터 정해진다고 믿던 사람들에게 매우 혁명적이고 불손한 주장이었다. 자연 상태에서는 자신의 목적을 실현하기 위한 모든 수단을 동원할 수 있으므로 노예와 지배자의 관계는 언제든 변할 수 있으며, 따라서 반란과 혁명의 가능성이 항상 존재하기 때문에 귀족이라는 사실만으로는 절대적인 안전을 확보하지 못한다.

이처럼 홉스의 자연 상태에서는 누구도 자유로울 수 없는 공포의 평등이 이루어진다. 그리고 이런 평등을 극복하고 평화를 실현하기 위해 인위적인 차이가 만들어진다. 개개인의 능력의 평등이 전쟁을 일으키는 원인이기 때문이다. 따라서 리바이어던이란 평화를 보장할 절대적인 힘의 차이를 만들기 위한 인위적 장치다. 홉스는 이런 논리를 통해 기존의 상식을 깨고 평등이 아닌 차이가 평화를 불러온다는 이론을 제시했다.

결국 홉스는 권력의 정당성을 개인의 평등, 그리고 개개인이 벗어나지 못하는 공포의 평등에서 끌어 온다. 정의나 선의 원리가 아니라 공포를 통해 권력의 정당성을 이끌어 낸 홉스의 이러한 권력 이론은 상당히 독특한 것이다. 그 때문인지 미국의 정치 철학자 한나 아렌트(Hannah Arendt)는 홉스를 제외하고 "내가 아는 어떤 정치 체제도 죽음 앞의 평등과 폭력에 의한 현실화를 통해 (존재) 근거를 얻는 경우는 없었다."라고 말했다.

공포가 권력을 낳는 원인이라면, 그 권력의 구성은 국민의 동의와 계약을 통해서만 정당화될 수 있다. 물론 정복 전쟁을 벌여 강제로 다른 나라를 합병시킬 수는 있지만, 그럴 경우에도 그 나라의 주권자를 몰아낼 수만 있을 뿐 그 국민으로부터 동의를 얻어야 한다. 따라서 기존의 정치 권력이 왕이나 귀족들의 이익만을 챙기고 국민의 삶에 무관심했다면 이제 그가 주장한 정치 권력은 국민의 삶을 보살피고 그들의 이익을 고려해야 한다. 국가의 공적인 정당성은 사회계약을 통해 개인의 사적인 이해관계나 욕망과 긴밀한 연관을 맺게 되었다. 볼프강 케스팅의 말처럼, "자연, 신, 관습과 같은 전통적으로 그 권위의 정당성을 인정받아 온 개념들이 홉스 이후에는 무력화되었다."

홉스의 이런 발상은 출생이나 혈연 같은 자연적인 신분 질서를 해체시키고 모든 구성원의 동의에 근거한 권력을 세웠다. 주권자와 국민은 권력의 소유라는 점에서 엄청난 격차를 갖지만 국민들 사이에는 평등함이 존재한다. 처벌과 보상의 원리에서 보여지듯 신분이 높거나 재산이 많다고 해서 처벌을 약하게 받거나 면죄받을 수는 없다. 그런 사람들의 범죄는 국가의 질서를 더욱 심하게 어지럽힐 수 있기 때문에 도리어 가중 처벌된다.

리바이어던이라는 국가에서 국민은 자연 상태에서의 자연권을 포기하는 대신 생존과 안전을 확보한다. 그리고 개인은 정치적인 권리를 제외한, 주권자나 법이 금지하지 않는 한 모든 형태의 자유를 누릴 수 있다. 개인은 정치에서만큼은 아무런 영향력을 행사할 수 없고, 주권자나 주권자가 임명한 대리인들만이 정치 영역에서 활동할 권리를 갖는다. 그런데 이처럼 공동체의 중요한 결정에 참여할 권리를 포기하고 개인의 이익만을 추구한다는 점에서 보면, 리바이어던에 동의한 국민은 배고픈 소크라테스보다 배부른 돼지를 선택한 사람들일 수 있다.

아렌트는 홉스의 이론을 바로 이 지점에서 신랄하게 비판한다. 아렌트는 과연 인간의 행복이 사생활에서만 찾아질 수 있는가라고 묻는다. 그녀에 따르면, 사람은 공적인 장소에서 자신의 생각을 드러내는 행위를 통해, 또 개인적 이익만이 아닌 공동체 전체의 이익을 추구하는 삶을 통해 생의 보람과 행복을 찾을 수 있다. 아렌트는 "공적인 권력에 참여하지 않고 그 몫을 보유하지 않은 사람은 누구라도 행복하거나 자유로울 수 없다."라고 주장한다. 그녀의 주장을 받아들인다면, 홉스는 인간의 가장 중요한 행복 중 하나를 제거하고 있는 셈이다.

홉스의 논리는 근대 정치 이론에서 매우 중요한 '공론(公論)의 장(場)'을 소거한다. 아렌트는 인간은 다른 사람들과 함께 서로 부대끼며 자신의 개성과 잘남을 증명할 장소를 갖고 싶어 한다고 밝힌 바 있는데, 그것이 바로 공론의 장이다. 인간은 이 공론의 장에서 자신의 소신과 신념을 이야기하고 그것을 몸소 실천하면서 다른 사람들의 지지와 존경을 얻고 여론을 형성한다. 한 사회에는 수많은 사람들이 각기 저마다의 개성을 뽐내며 살기 때문에 정치적인 장은 언제나 다양한 목소리로 가득할 수밖에 없다. 따라서 정치는 다원적이어야 하는 것이 아니라 그 시작부터 다원적일 수밖에 없다.

이런 차원에서 보면 홉스의 리바이어던은 개개인의 말과 행위에 의지하는 공론의 정치를 소멸시켰다고 할 수 있다. 리바이어던은 공론의 장에서의 필수 조건인 다원성을 제거하고 인간의 행복을 고통과 쾌락이라는 단순한 계산법으로 대체했기 때문이다. 심지어 리바이어던은 사람들이 무엇을 이야기하고 학습할 것인가를 결정하는 절대적인 권한까지도 가졌다. 그래서 아렌트는 근대의 정치 철학, 특히 홉스의 이론을 "모든 사람이 함께 갖는 것은 세계가 아니라 본성의 동일함이고 이 동일성은 동일한 계산법과 동일한 고통과 쾌락에 의해 좌우되는 존재의 동일함으로 드러난다."라고 정리했다. 이처럼 홉스의 리바이어던에서 정치란 다양한 관점이 충돌하면서 토의를 통해 공동선을 찾아가는 과정이 아니라 욕망의 효율적인 충족 과정으로 변질된다.

3) 법과 군주의 권한

홉스에게 법은 진리를 실현하기 위한 장치가 아니라 주권자의 의지를 실현하는 인위적인 장치다. 즉 "진리가 아니라 권위가 법을 창조한다(Autoritas, non veritas facit legem)." 홉스 이전의 철학자들은 주로 자연과 사회를 구분하지 않고 자연적인 진리들을 사회에 적용시키려 했다. 자연법이라는 개념 자체가 그러한 자연과 사회의 동일성을 내포하고 있다. 그러나 홉스는 자연과 사회를 분명하게 구분하면서 자연적인 원리와 사회적인 원리가 서로 다르다고 주장했다. 자연 상태의 개인들이 그 상태에서 탈출하기 위해 만든 리바이어던은 자연을 극복한, 자연과 뚜렷하게 구분되는 사회 상태이기 때문이다. 그리고 국가의 주권은 자연 상태에서 개인이 갖던 권리를 넘어선다.

리바이어던에서 주권자는 자신이 필요로 하는 법은 무엇이든 제정할 수 있고 제정된 법에 대한 해석 권한도 독점한다. 국가에서 법을 제정하고 해석하는 권한은 오로지 주권자에게만 있다. 선과 악을 판단하고, 옳고 그름을 정하는 것도 주권자의 권리다. 그리고 주권자는 자신이 정한 법과 해석에 따라 개인을 처벌하거나 포상할 수 있다. 그런 점에서 법의 정당성은 법의 내용에 의해서가 아니라 법을 제정하는 사람에 의해 결정된다. 이에 대해 일본의 정치학자 마루야마 마사오(丸山眞男)는 홉스가 "법의 타당성 근거를 오로지 주권자의 명령이라는 형식성에 얽매이게 함으로써 도리어 근대적 법실증주의로의 길을 열었다."라고 평가했다.

홉스에게 법은 진리와 무관하다. 물론 법은 사람들의 안전을 확보하고 평화를 유지시킨다는 점에서 좋은 것이다. 그러나 좋은 것이 언제나 진리인 것은 아니다. 홉스에게 법은 정의의 실현 장치나 수단이 아니라 사람들의 복종과 협조를 이끌어 내고 질서를 유지하기 위한 장치이자 수단일 뿐이었다. 법의 정당성 여부는 윤리적인 규범이나 그것이 신의 말씀과 얼마나 합치하느냐와 아무런 관련을 갖지 않는다.

주권자가 제정한 법은 심지어 개인의 소유권을 침해하고 권리를 무시해도 정당하다. 이렇게 주권자를 최고의 권위와 권력의 자리에 위치시키기 때문에 독일의 철학자 칼 슈미트(Carl Schmitt)는 "자연 상태의 무질서와 불안정이 지배하는 곳에, 국가 상태의 질서와 안정을 부여하는 결정만이 비로소 그를 주권자로 만들며 그 이외의 모든 것 (법률과 질서)을 가능하게 한다."는 점에서 홉스의 사상을 결정주의라고 불렀다. 특히 슈미트는 "(결정의 이유를 밝히지 않으면서) 결정이 있다는 사실을 통해서만 질서 상태가 되는 무질서, 그것을 전제로 하기 때문에" 홉스의 사상을 가장 순수한 결정주의라고 불렀다.

그러나 앞에서도 말했듯이 홉스의 이런 주장은 절대 권력을 정당화하려는 의도에서 나온 것이 아니었다. 그는 절대 왕정을 옹호한 것이 아니라 국가 권력이 쪼개지지 않아야 혼란을 막을 수 있다고 생각했을 뿐이다. 그런 권력은 군주정만이 아니라 공화정으로도 달성될 수 있는 것이었지만 홉스는 군주정이 보다 더 효율적이라는 주장을 펼쳤다. 또한 홉스는 그 취지를 대중에게 충분히 알린 법만이 효력을 갖는다고 강조하기도 했다. 결국 홉스에게 법은 보편적이고 일반적인 규범을 실현하는 장치이기보다 주권자가 국민의 안전과 평화를 지키기 위해 사용하는 공적 수단에 가까웠다.

4) 지식과 권력의 연관성

홉스가 나라를 망치고 국민을 타락시키는 주범으로 지목한 사람들은 다름 아닌 대학이나 교회의 지식인들이었다. 《리바이어던》은 주권자에게 현실의 혼란을 극복하는 방법을 알려 주기 위한 책이었지만 당대의 지식인들을 비판하고 그들과의 싸움을 선포하는 논쟁적인 책이기도 했다.

홉스는 기독교 신학과 그리스 철학을 접목시켰던 스콜라 철학자들에 맞섰고 그 바탕이 되었던 아리스토텔레스의 철학을 집중적으로 비판했다. 홉스는 '철학은 신학의 시녀'라는 중세 시대의 논리를 비판하면서, 오히려 과학적인 방법론을 갖지 못한 고대나 중세의 철학이 신학과 야합해서 무의미하고 불합리한 말들로 사람들을 속이고 있다고 했다. 그리스 시대의 정치 이론은 군주에 대한 저항을 정당화시키고 찬양하면서 평화를 어지럽혔고, 교황에 빌붙은 성직자들은 교회가 현실에 세워진 신의 왕국이라 주장하면서 자신들의 뜻에 따르지 않는 국가를 혼란스럽게 하거나 지배하려 들었다. 홉스는 국가를 약하게 만드는 원인 중 두 번째 원인으로 이런 선동적인 이론들을 꼽았다. 따라서 주권자는 이런 그릇된 이론들을 차단하기 위해 국민이 무엇을 배워야 하고 배우지 말아야 할지를 결정하고 검열하며 교육에 힘써야 한다고 했다.

그런 점에서 홉스는 예리하게 지식과 권력의 연결 고리에 주목했다. 권력은 단지 힘으로만 사람들을 지배하지 않는다. 권력에는 국민들의 자발적인 동의가 필요하기 때문에 교육으로써 그 동의를 끌어내야 한다. 따라서 소위 '민심(民心)'을 둘러싼 치열한 지적 논쟁이 벌어진다면, 그것은 학문적인 논쟁일 뿐 아니라 정치적인 의미도 포함한다. 홉스는 이렇듯 지식과 권력의 관계에 주목했던 철학자들 중한 사람이었다.

3. 《리바이어던》 이해하기

앞서 이야기했듯이 홉스의 《리바이어던》은 영국 사회가 내전으로 심각한 혼란에 빠져 있을 때 등장했고, 따라서 그는 이 책에서 전쟁과 혼란을 막을 수 있는 과학적인 이론을 제시하려 했다. 홉스는 사회의 가장 기본 단위인 인간을 움직이는 동기가 무엇인지를 밝히고, 이런 분석을 바탕으로 질서를 확립할 국가의 원리를 찾으려 했다. 그리고 그 국가의 목적과 권력의 범위를 분명하게 정해 합리적인 정치 질서를 수립하려 했다.

불행히도 홉스는 바로 이런 구상 때문에 당대의 어느 누구에게도 환영받지 못하는 존재가 되었다. 절대 왕권을 확립하려던 자들은 왕이 신으로부터 권력을 넘겨받았다는 왕권신수설을 부정하는 홉스를 무신론자라 비난했고, 왕권을 부정하던 자들은 홉스를 절대 왕권의 옹호자라며 비난했기 때문이다. 당시 영국 국왕 찰스 2세는 《리바이어던》에 대해 "나는 이처럼 강한 선동과 반역, 그리고 불경스러움을 담고 있는 책을 이제껏 읽어 본 적이 없다."라고 할 정도였다. 그 결과 홉스는 자신의 사상을 현실에 적용하는 것을 포기하고 학문적으로 논의하는 것에만 만족해야 했다.

그렇다면 홉스가 《리바이어던》에서 말하고자 한 핵심은 무엇인가? 그것은 이 책의 원래 표지를 차지했던 한 장의 그림을 통해 잘 드러난다. 리바이어던으로 불리는 주권자는 정치 권력을 상징하는 칼과 종교 권력을 상징하는 나무 지팡이를 양손에 하나씩 쥐고 있다. 그리고 그 주권자 밑에는 시민 공동체와 종교 공동체를 상징하는 5장의 그림이 있다. 맨 아래에는 각각 전쟁과 종교 재판이라는 혼란을 의미하는 그림이 있는데, 이 혼란은 위로 올라가면서 왕관과 사제들의 관을 거쳐 주권자의 손에 쥐어진 칼과 지팡이를 통해 사라진다. 또 주권자의 몸은 수많은 인간의 얼굴들로 구성되어 있는데, 이 그림이 상징하듯 모든 국민의 의지를 한 몸에 흡수한 절대 권력의 인격체, 그것이 바로 홉스가 꿈꾸던 리바이어던이었다.

그런데 홉스가 이 책을 쓴 정치적인 의도가 무엇이었는가에 대해서는 여전히 학자들 사이에 논란이 되고 있다. 홉스가 당시의 절대 왕정을 옹호했다는 주장도 있고, 그의 진정한 의도는 당시 사회의 중요한 세력으로 떠오르던 시민 계급을 옹호하는 것이었다는 주장도 있다. 그리고 독일의 역사가 에른스트 블로흐(Ernst Bloch)처럼 홉스가 "한편으로는 영국의 왕당파에 속한 법률 고문으로서 절대적 중앙 집권 체제를 열렬히 옹호했으며, 그럼에도 다른 한편으로는 민주주의자의 태도를 취했다."고 지적하면서 그의 양면성을 주장하는 사람들도 있다. 이러한 다양한 입장들로 인해 그의 진정한 의도를 어느 하나로 단정 짓기란 어려운 노릇이다.

다만 이런 주장들과 달리 프랑스의 현대 철학자 미셸 푸코(Michel Foucault)는 아주 독특하게 《리바이어던》을 해석한다. 푸코는 17~18세기의 주권 이론들을 분석하면서 홉스가 《리바이어던》을 쓴 진짜 이유를 당시 영국 사회가 직면했던 문제, 즉 왕권의 정통성 문제를 은폐하기 위한 것에서 찾는다. 1066년 바이킹의 후예 노르망디공 기욤이 색슨족의 영국군을 물리치고 정복왕 윌리엄 1세가 되면서, 당시 영국 왕권의 정통성은 정복에 의해 정당화되었다. 그런데 홉스 시대의 의회파들은 정복 왕권의 정통성을 거부하며, 정복에 의해서가 아니라 선대 색슨 왕가가 윌리엄 공을 받아들였다는 주장으로 색슨 왕가의 정통성을 내세웠다. 그러면서 의회주의자들은 왕의 권한을 제한했던 색슨 시대의 법률을 부활시키고자 했다. 또한 왕과 의회주의자 모두에게 저항했던 민중들은 억압적인 체제와 기존의 소유권 자체를 파괴하기 위해 정복의 문제를 거론했다. 이처럼 당시 영국 사회는 과거의 정복을 둘러싼 역사적인 논쟁으로 들썩거리고 있었다.

푸코는 "리바이어던의 눈에 보이지 않는 적수는 바로 정복"이라고 지적하면서, 홉스의 의도는 기존 체제를 무너뜨릴 저항과 전쟁을 강조하는 이론을 배제하는 것이라 주장했다. 말하자면 홉스의 이론은 "17세기 정치 투쟁에서 가장 활발하고 효과적인 앎이자 담론이었던 이 정치적 역사 의식을 봉쇄하기 위한 방법"이었다. 푸코의 해석을 따르면 홉스는 주권에 관한 추상적인 이론을 제시함으로써 정복과 저항의 담론에 종지부를 찍으려 했다는 것이다.

푸코의 이런 주장을 받아들인다면 홉스의 사상에 대한 논의는 완전히 다른 각도로 해석될 수 있다. 홉스가 《리바이어던》을 쓴 의도는 정복이든 동의든 국가 주권이 동일한 속성을 갖고 있다는 점을 증명해서 저항을 봉쇄하는 것이었다. 그리고 그 방식은 현실의 역사 논쟁에서 최대한 벗어날 수 있는 가상의 이론을 만드는 것이었다. 그래서 홉스의 적은 왕이나 귀족, 민중이 아니라 정치적 역사 의식 그 자체였다. 이를 보면 홉스는 구체적인 현실의 정치 세력이 아니라 이론적인 경향과 싸운 셈이다.

푸코의 해석을 따르면 우리는 홉스가 특정한 정치 세력에 대해 지지하려는 의도를 가졌다고 볼 수 없다. 홉스는 국가에 혼란을 가져올지 모르는 그 어떤 저항 자체와 싸웠을 뿐이다. 물론 그런 의도가 결과적으로는 왕정에 도움이 되었을지라도.

《리바이어던》에서 홉스가 옹호했던 것은 국가, 또는 주권자를 통한 안정과 질서였고, 이는 결국 계약의 당사자인 국민 개개인의 안전과 이익을 도모하기 위한 것이었다. 따라서 홉스가 진정으로 원한 것은 무의미하고도 유해한 혼란의 종식이었으며, 그는 그것을 위해 무엇보다도 강력한 힘, 바로 절대 권력이 필요하다고 주장했던 것이다. 이렇듯 상황을 냉정하게 분석하며 권력의 정당성을 끌어낸 것을 보면 그는 매우 합리적이고 현실적인 사상가였음에 틀림없다. 물론 그의 주장이 모두 옳았던 것은 아니며 특히나 오늘의 관점에서 보자면 그의 사상은 전체주의 사상과 일맥상통하는 듯 보이기도 한다. 하지만 홉스가 살던 시대에서만큼 그는 그 누구보다 근대적 시민 사회를 꿈꾼 사상가였다. 맹목적인 신앙과 비현실적인 철학이 지배하던 중세 시대의 사상적 어둠을 뚫고, 근대 초기에 과학적인 세계관과 실증 가능한 철학을 들고 나온 사실만으로도 그는 이미 철학사에 큰 획을 그었다.

4. 《리바이어던》은 오늘날 어떤 의미를 지니는가?

홉스는 17세기 영국 사회의 혼란 극복과 평화를 염두에 두고 리바이어던이라는 인공적인 권력을 구상했다. 그리고 그 사상의 장점과 한계가 무엇이든 홉스의 이념은 후대의 사상가들에게 많은 영향을 미쳤다. 특히 그의 과학적인 방법론과 유물론, 사회계약론 등은 근대 정치 철학의 중요한 논제를 포괄하는 것이었고 아직까지 큰 영향을 미치고 있다.

이제 홉스가 주장했던 개인주의는 근대 사회의 상식으로 받아들여지고 있다. 개인의 안전과 이익이 가장 중요한 가치며 정부의 역할은 그것을 보호하는 데 있다는 그의 주장은 근대 공리주의자들에게 많은 영향을 끼쳤다. 물론 정치적인 면에서 홉스가 주장한 주권자와 같은 절대 권력이 현대 사회에는 존재하지 않는다. 이미 인류는 근현대의 역사를 통해 절대주의와 전체주의를 겪었고, 지금의 우리는 개인의 정치적인 권리와 정치 참여가 타고난 인권으로 여겨지는 시대에 살고 있다.

그러나 지금 이 사회가 홉스가 말한 리바이어던과 완전히 다르다고 이야기할 수 있는가? 물론 현재의 우리는 선거를 통해 우리의 의견을 대변할 대표자를 직접 뽑기도 하고 다양한 사상을 마음껏 공부할 수도 있으며, 대통령을 공개적으로 비판하는 것이 가능하고 삼권분립 역시 이루어진 사회에 살고 있다. 때문에 우리가 사는 이 국가는 홉스가 구상했던 국가와 완전히 다른 듯 느껴질지도 모른다. 그러나 불과 20~30년 전만 하더라도 한국 사회는 홉스의 리바이어던과 흡사한 모습이었다. 군사 정권이 독재하던 시기에 사람들은 자신의 대표자를 자신의 의사대로 뽑지도 못했고 국가가 가르치는 내용을 일방적으로 받아들이기만 했으며 권력을 가진 사람들을 비판할수조차 없었다. 독재 시대의 망령은 아직도 완벽하게 사라지지 않았고, 많은 사람들이 개인의 차이나 다양성을 존중하기보다 집단적 일체감과 질서, 평화를 강조하기도 한다.

이와 더불어 과학 기술의 발달은 국가나 공권력이 개인의 사생활을 손쉽게 감시할 수 있도록 해 주었고, 대중 매체의 발달 역시 사람들의 머릿속에 똑같은 내용을 심으면서 기성 권력의 정당화에 도움을 주고 있다. 사람들의 정치적 무관심은 점점 강화되는 데 비해 정치 권력의 '보이지 않는 손'은 우리를 인형극의 삐에로로 전락시키고 있다.

이렇듯 세심히 살펴보면 지금 우리가 사는 이 시대야말로 홉스가 구상했던 리바이어던과 무척 닮아 있음을 깨달을 수 있다. 세계화의 바람은 세상을 무한 경쟁으로 몰아가고 있다. 승자는 모든 것을 차지하지만 패자는 전부 잃을 수밖에 없다는 이러한 논리는 현실의 냉정함을 잘 보여 준다. 그런 점에서 홉스가 이야기한 자연 상태는 오늘에 와서 뒤늦게 구현되고 있는지도 모른다. 사회는 날이 갈수록 남을 짓밟고 올라서지 않으면 안 되는 곳, 오로지 승자만을 존중하는 곳, 생명과 안전을 장담할 수 없는 '만인에 대한 만인의 투쟁'이 일반화되는 곳으로 변하고 있다. 위험한 점은, 이러한 불안 요소들이 카리스마를 가진 강한 권력자가 나타나 평화와 질서를 바로 잡아 주기를 바라는 대중적 심리로 돌변할 수도 있다는 사실이다. 개인의 안전과 질서를 위해서라면 자유와 민주주의를 희생시켜도 좋다는 생각, 바로 그 지점에서 언제든 절대 권력 리바이어던은 되살아날 수 있다.

이처럼 홉스의 리바이어던은 현재를 살아가는 우리와 너무 멀리 있는 것도 아무 관련이 없는 것도 아니다. 어쩌면 우리가 스스로의 모습을 냉정하게 바라보지 못하는 동안 그것은 은밀하게 자라나 모두의 마음을 점령해가고 있을지도 모를 일이다. 지나친 자유에는 비싼 대가가 따르기 마련이며, 맹목적 복종이야말로 생각지 못한 이득을 제공할 수 있다. 바로 이것이 홉스의 리바이어던이 품고 있는 '치명적 유혹'인 것이다.

홉스의 《리바이어던》은 이런 맥락에서 오늘의 우리를 돌아보게 한다. 우리가 누리고 있는 수많은 자유와 민주주의, 그리고 개인 존중의 가치관은 불황과 빈곤이 닥치는 순간 모래성처럼 무너질 수도 있다. 홉스는, 비록 이론에 불과했을지라도 그러한 위험성에 대해 나름의 해법을 제시했다. 과거 히틀러에게 열광했던 독일 국민처럼 우리 역시 언제라도 위험한 함정에 빠질 수 있다는 것을 명심해야 한다. 오늘 우리가 《리바이어던》을 읽으며 깨달아야 할 점이 바로 거기에 있다. 불황기마다 등장하는 독재 예찬론 같은, 자유와 권리보다 그저 개인의 안전과 이익만을 최고의 가치로 보는 그 치명적인 유혹을 우리는 어디서건 항상 경계해야 할 것이다. 그의 말처럼 진정 리바이어던을 원하는 것은 다름 아닌 바로 우리 자신일 수 있으므로.

토마스 홉스 연보

1588년(1세)	4월 5일 런던 교외의 웨스트포트에서 목사의 둘째 아들로 태어나다.
1603년(16세)	옥스퍼드 대학교에 입학해서 청교도 교육과 논리학, 스콜라 철학, 물리학 등을 배우다.
1608년(21세)	대학을 졸업하고 난 뒤 디본셔 백작의 가정교사로 취직해 그 아들의 가정교사 및 개인 비서가 되다. 이후 평생 동안 카벤디쉬 가문과 밀접한 관계를 맺다.
1622년(35세)	프랜시스 베이컨의 비서로 일하며 그의 논문집을 라틴어로 번역하다.
1629년(42세)	자신이 가르치던 제2대 디본셔 백작이 죽자 클리프턴 경의 가정교사로 취직하다. 투키디데스의 《펠로폰네소스 전쟁사》를 번역하여 출판하다.
1634년(47세)	다시 카벤디쉬 가문의 가정교사로 취직하다. 제3대 디본셔 백작과 함께 유럽 여행을 떠나 그곳에서 데카르트, 갈릴레이 등과 교류하며 사상을 키우다.
1642년(55세)	영국에서 내전이 터지자 파리로 망명해 《시민론》을 출판하다.

1650년(63세) 　《법의 원리》를 출판하다.

1651년(64세) 　《시민론》을 영어로 출판하고 《리바이어던》도 출판하다.

1652년(65세) 　오랜 망명 생활을 끝내고 다시 영국으로 돌아오다.

1658년(71세) 　청교도 혁명을 이끌던 크롬웰 사망하다. 홉스, 《인간론》을
　　　　　　　출판하다.

1660년(73세) 　찰스 2세가 왕이 되면서 영국이 공화정에서 왕정으로 복귀
　　　　　　　하다. 홉스, 브럼홀 주교 및 수학자 월리스와 논쟁을 벌이다.

1666년(79세) 　종교계와 대학, 왕당파의 비난으로 찰스 2세, 홉스가 쓴 책
　　　　　　　의 출판을 금지하다.

1671년(84세) 　라틴어로 자서전을 쓰다.

1679년(92세) 　12월 4일 사망하다.